Der **Mensch** braucht den **Menschen**

Gedanken über Leben und Abschied

EDITION
KLEINE
ZEITUNG

Impressum

Projektleitung/Redaktion: Carina Kerschbaumer
Lektorat: Josef Georg Majcen

Layout und Umschlag: Ernestine Kulmer/studio bleifrei, Graz
Druck und Bindung: Gorenjski tisk, Kranj, Slowenien

© 2015   Edition KLEINE ZEITUNG
          Anzeigen und Marketing Kleine Zeitung GmbH & Co KG
          A-8010 Graz, Gadollaplatz 1

ISBN 978-3-902819-56-7

Alles, was noch kommt,
liegt im Ungewissen:
Jetzt sollst du leben!

Seneca

Inhaltsverzeichnis

Gegen das Schnellere

Es ist beruhigend und beunruhigend zugleich. Die großen Themen des Lebens verändern sich nicht. Sie bleiben die gleichen. Es sind die Lebensphasen des Glücks und der Trauer, des Beginns und des Abschiednehmens. Wie unvernünftig sei es, seine Sterblichkeit so weit zu vergessen, dass man gute Vorsätze auf das 50. oder 60. Lebensjahr verschiebe und lebe, als ob man ewig lebte. Ein Befund, der aktueller nicht sein könnte. Geschrieben wurde er von Seneca vor zweitausend Jahren. Weit mehr noch als früher werden heute Krankheit, Sterben und Tod aus dem Leben verdrängt. Sie werden ausgebürgert. Sie stören. Sie stören, weil sie die Illusion der eigenen Unverletzlichkeit zerstören.

Eine Illusion, die Teil einer erfolgsverwöhnten Leistungsgesellschaft ist, in der zu oft der Wert eines Menschen an seinem Beitrag am Bruttonationalprodukt gemessen wird. Kranke, Schwache, Sterbende gehören nicht mehr dazu.

Über die Würde der Kranken, Schwachen, Sterbenden wird oft gerätselt. Es sei, wird bedauert, unwürdig, dieses lange Sterben. Also soll im Sinne der Würde schneller und auch leiser gestorben werden. Für die Würde? Oder die Aufrechterhaltung der Illusion? Optimierungsfanatiker würden, schreibt Arno Geiger in diesem Buch, den eigenen Verfall als Schlag ins Gesicht empfinden. Geschmäcklerisch würden sie sagen. „So ein Leben ist unwürdig."

Menschen, die für Würde bis zum Ende kämpfen, stehen im Gegensatz zu Optimierungsfanatikern selten im Scheinwerferlicht. Es sind Menschen, die in der Hospizbewegung Kranke, Sterbende, Trauernde begleiten und das Kostbarste in ihrer Freizeit schenken: Liebe, Zuneigung, Zeit, Menschlichkeit.

Diesen Menschen und dem Ziel der Hospizbewegung, für andere in schweren Lebensphasen da zu sein, ist dieses Buch gewidmet. Ein Ziel, hinter das sich die *Kleine Zeitung* und die Styria Media Group mit ihrem Engagement für Palliative Care und Hospizarbeit seit Langem stellen. Wie sich auch große Autorinnen und Autoren dieses Landes spontan bereit erklärten, Beiträge für dieses Buch zu schreiben. Es sind Beiträge, die eines gemeinsam haben: Sie richten sich gegen das Schnellere, das Ausbürgern und Verdrängen.

Carina Kerschbaumer, Hubert Patterer, Chefredaktion *Kleine Zeitung*

Mit Würde und Respekt

„Der Mensch braucht den Menschen" ist eine Aufforderung an die Zivilgesellschaft zu handeln und anderen Menschen zu helfen – da zu sein. Die Idee zu diesem Buch entstand bei einer Veranstaltung, in welcher Betroffene und Ehrenamtliche über ihre Erfahrungen bei der Hospizarbeit bzw. mit einem Todesfall in der Familie berichteten.

Dort, wo die Familie oder aber auch die öffentliche Hand nicht mehr ausreichend unterstützen können, ist das Ehrenamt gefordert. Dies zeigt sich in vielen Bereichen des täglichen Lebens – ganz besonders am Lebensende eines Menschen.

Die Hospizbewegung ist ein Vorzeigeprojekt. Tausende Ehrenamtliche in Österreich begleiten kranke und sterbende Menschen sowie deren Angehörige und sind für sie da.

Neben der Traurigkeit, die dem Thema innewohnt, ist auch zu spüren, welche Freude durch ehrenamtliches Engagement am Ende des Lebens bereitet werden kann. Ganz entscheidend dafür ist der würdevolle und respektvolle Umgang mit den Betroffenen.

Der Erfolg der Hospizidee sowie generell von humanitärem Engagement liegt darin begründet, wie jeder Einzelne andere Menschen behandelt. Der Maßstab dafür ist jeder selbst. Wie will ich selber gerne (am Lebensende oder in der Zeit der Trauer) behandelt werden? Beim Lesen des Buches ist zu spüren, dass sich diese beiden Aspekte des respektvollen und würdevollen Umgehens miteinander bei der Hospizbewegung in idealer Art und Weise ergänzen. Letztlich führt dies dazu, dass sowohl die Betroffenen als auch die Ehrenamtlichen zu sich selbst und ihrer Situation stehen und damit angemessen umgehen können.

Die Erfahrungsberichte, die Beiträge sowie die Interviews in diesem Buch berühren und regen zugleich zum Nachdenken an. Mein Dank gilt allen ehrenamtlichen MitarbeiterInnen der Hospizbewegung und allen, die an diesem Buch mitgewirkt haben.

Peter Pilz
Obmann Hospizverein Steiermark

Der Konrad-Adenauer-Preisträger Arno Geiger lebt in Wien und Vorarlberg.
Für sein Buch „Der alte König in seinem Exil" wurde er vom Deutschen Hospiz- und
Palliativ-Verband ausgezeichnet.

Arno Geiger

Eine Geste des Überlebens

Mein Vater ist im Juni 2014 gestorben, vor eineinhalb Jahren. Er wurde 88 Jahre alt. Ich bin froh, dass ich *Der alte König in seinem Exil,* das Buch über ihn, zu seinen Lebzeiten geschrieben habe. Auf einer der letzten Seiten des Buches heißt es, dass ich das Buch schreiben wollte, solange mein Vater lebt, weil jeder Mensch ein Schicksal verdient, das offen bleibt.

In *Der alte König in seinem Exil* bleibt das Schicksal meines Vaters offen, und das ist gut so.

Man muss immer an die Zukunft glauben, im Leben wie beim Schreiben. Ein Schreiben ohne zukunftsträchtiges Denken ist nicht lohnenswert. Und auch ein Leben ohne zukunftsträchtiges Denken ist nicht lohnenswert. Das gilt nicht weniger, wenn jemand mit einer schweren, zum Tod führenden Krankheit konfrontiert ist. Das Schlimmste ist es, sich aufzugeben, zu glauben, das Schicksal sei besiegelt. Und natürlich setzt eine schwere Krankheit einen neuen, finsteren Rahmen. Aber innerhalb dieses Rahmens gibt es Spielräume, und wenn diese Spielräume genutzt werden, gibt es eine Zukunft, so kurz sie auch sein mag, für die Betroffenen und für die Angehörigen, von Moment zu Moment. Würde ich das Buch über meinen Vater, der an Demenz erkrankt war, heute, nach seinem Tod, schreiben, gäbe es den Glauben an die Zukunft nicht. Was sollte ich – ohne den Glauben an die Zukunft – schreiben? Was könnte ich meinem Vater hinterher rufen?

Bis zum letzten Tag, den mein Vater gelebt hat, habe ich an seine Zukunft geglaubt, an den nächsten Moment.

Der alte König in seinem Exil erschien im Frühjahr 2011. Das Buch bekam sehr viel Aufmerksamkeit und wurde von vielen Menschen gelesen. Einen Monat nach Erscheinen des Buches war ich in Leipzig auf der Buchmesse. Von dort fuhr ich nach Wolfurt. Ich berichtete meinem Vater, was ich in Leipzig erlebt hatte. Ich sagte:

„Ich soll dir von ungefähr hundert Leuten schöne Grüße ausrichten."

Mein Vater schaute mich ungläubig an. Ihm war anzusehen, was er dachte: Hundert Leute … das ist viel … das ist nicht glaubhaft.

Ich sagte:

„Na ja, du bist den Leuten sympathisch."

Er schaute weiterhin erstaunt. Dann fragte er:

„Und hat man ihnen das sagen müssen oder sind sie so schlau und von selbst draufgekommen?"

Ich sagte:

„Sie sind von selbst draufgekommen."

Zu dieser Zeit war es auch, dass mein Vater wieder – wie schon oft – sagte: „Ich bin nichts mehr. Ich bin nichts mehr." Und dass er mich anschaute und, was er noch nie getan hatte, sich korrigierte:

„Nein, nicht nichts, nicht mehr viel."

In diesem „nicht nichts, nicht mehr viel" steckte etwas Selbstbewusstes. Mein Vater spürte, dass er wieder „mehr" war als davor, weil ihm mehr Respekt entgegengebracht wurde, ihm, dem kranken und verwirrten Mann. Die Menschen in seiner Umgebung gingen mit einer anderen Körpersprache auf ihn zu, unbefangener, sie klopften ihm auf die Schulter. Plötzlich glaubten die Menschen wieder an die Zukunft dieses alten und kranken Mannes. Und er korrigierte sich und sagte:

„Nein, nicht nichts, nicht mehr viel."

Zuneigung, Respekt und Freundlichkeit lassen einen Mensch „mehr" werden. Respekt und Aufmerksamkeit können den Lebensraum eines Menschen, der vor eine kurze und schlechte Zukunft gestellt ist, bewohnbar halten. Mit Zuneigung, Respekt und Freundlichkeit geht vieles.

Es heißt, Gottes Wille hältst du mit den Händen nicht auf. Aber die Schrecken von Krankheit, Verfall und Sterben kann man mit den Händen aufhalten, und sei's für einen Moment, durch eine Umarmung. Eine Umarmung verweist in die Zukunft, eine Umarmung ist eine Geste des Halts, eine Geste des Überlebens.

In Diskussionen um Sterbehilfe und unterstützten Suizid vernehme ich mit unfehlbarer Zuverlässigkeit den Begriff *Würde*. Wobei weniger die Begriffsklärung zuverlässig ist als die Unweigerlichkeit, mit der dieser Begriff beansprucht wird. Jeder Mensch habe das Anrecht auf ein Sterben in Würde, höre ich einerseits. Das kann meiner vollen Zustimmung gewiss sein. Und andererseits: Dieser langsame Verfall ist unwürdig.

Wenn ich Letzteres höre und versuche, es nachzuvollziehen, kommt es mir immer vor, als hätte ich mir das Gehirn verstaucht. Wovon reden sie? Wie können Krankhcit und Verfall unwürdig sein? Wie kann einem ein solch eklatanter Denkfehler unterlaufen? Wohl nur, wenn man sich die wesentliche Frage – was ist der Mensch? – gar nicht erst stellt. Eine Antwort auf die Frage, was der Mensch ist, wäre aber Grundbedingung für eine Definition des Begriffs Würde. Diese Frage ist überdies auf das Engste verknüpft mit allem Politischen und mit der Gestaltung unseres öffentlichen Lebens.

Denn der Mensch ist von Natur aus unvollkommen. Krankheit und Verfall sind Teil seiner Natur. Etwas, das Teil der menschlichen Natur ist, kann die Würde des Menschen nicht antasten. Was die Würde des Menschen antasten kann, ist, wie mit Krankheit und Gebrechlichkeit umgegangen wird. Ein Angriff auf die Menschenwürde besteht nicht im alters- oder krankheitsbedingten Verfall, sondern in der Abschätzigkeit, mit der über Krankheit und Verfall gesprochen wird. Und wie damit umgegangen wird.

Ungenaues Denken hat immer etwas Verwahrlostes.

Optimierungsfanatiker empfinden den eigenen Verfall als Schlag ins Gesicht. Sie sagen geschmäcklerisch: „So ein Leben ist unwürdig." Und sie meinen sich selbst und ihre eigene, nicht ausreichend optimierbare und optimierte Natur. Mit der Leistungsfähigkeit geht ihnen die Selbstachtung verloren, die Achtung vor dem *geworfenen* Menschen.

Und wenn dann jemand über sein eigenes Sterben bestimmen will und sich den Tod als Dienstleistung ins Haus holt: Am Ende bestimmt wieder der Verlauf der Krankheit über den Zeitpunkt. Es geht also um Selbstbestimmung, die den Stempel des Illusorischen trägt. Man nimmt dem Leben allenfalls die Drecksarbeit ab.

Unwürdig käme es mir vor, jemanden dafür zu bezahlen, dass er mir hilft, mich zu töten. Unwürdig käme es mir vor, jemanden, den ich angeblich liebe, zu bitten, er möge mich töten oder mir dabei helfen und dann mit der Verantwortung weiterleben. Das käme mir wie das Gegenteil von Liebe vor.

Unwürdig käme es mir vor, die letzten Wochen meines Lebens über nichts anderes nachzudenken als darüber, wann der richtige Zeitpunkt gekommen ist.

Ein Bekannter redete von fast nichts anderem mehr, wochenlang, immer davon, dass er nach dem richtigen Zeitpunkt Ausschau halte, um der Krankheit zuvorzukommen und sich das Leben zu nehmen. Morgen? Oder erst übermorgen? Oder in einer Woche? Nachts dachte er, ja, jetzt ist es soweit. Morgens dachte er, nein, jetzt noch nicht. Dann nachts wieder, ja, morgens wieder, nein. Er lag im Bett und verwendete das wenige Leben, das er noch vor sich hatte, dazu, um vom richtigen Zeitpunkt zu reden – in einer befremdlichen Optimierungs-Mystik, in einem befremdlichen Selbstbestimmungswahn, offenbar fest davon überzeugt, dass es den richtigen Zeitpunkt gibt. Bloß nicht zu früh! Bloß nicht zu spät! Zwei verschreckte Kinder im Haus und eine hilflose Frau, die traumatisiert zurückblieb.

Man muss versuchen, die ganze Spannweite der Schrecken zu erfassen, die sich hinter solchen Fortschritten in der Selbstbestimmung verstecken. Was für eine Kultur soll sich aus dem entwickeln? Leistungsdenken bis aufs Sterbebett.

Denn der Bekannte wäre auch so gestorben, ganz ohne die wochenlange Sorge, er könnte den optimalen Zeitpunkt für die Einnahme seiner Pulver verpassen. Optimierung des Lebens? Selbstbestimmung? Ein Denkfehler. Er hätte es wie seine Vorfahren machen können, das Gesicht zur Wand drehen und warten, bis er tot ist. Oder er hätte versuchen können, zu verstehen, dass auch das Ende des Lebens Leben ist. Von dieser Einsicht aus wäre der Schritt nicht weit gewesen zur Sterbebegleitung und einem Sterben, das nicht auf Selbstbestimmung konzentriert ist, sondern auf Selbstachtung.

Die menschliche Würde ist für mich ein Zustand, in dem ich mich ganz natürlich und frei zeigen kann in meiner Unvollkommenheit. Die menschliche Würde ist für mich auch Haltung, und diese Haltung hat mit etwas zu tun, das ich Ehrfurcht vor dem Leben und Ehrfurcht vor dem Menschen nenne.

Ich hatte oft Angst, meinem Vater könnte ein schreckliches Sterben beschieden sein. Ich stellte mir vor, er würde jahrelang bettlägerig sein, unfähig zu sprechen, unfähig zu lächeln. Bettlägerig war er letztlich nie, aber gesprochen hat er in den letzten Monaten nur mehr wenig, was ich als traurig empfand. Doch er lächelte bis zuletzt und drückte Hände und suchte immer wieder den

Blick und sagte „danke" und „Servus". Wir versuchten, ihm das Gefühl zu geben, dass er genug ist, nicht unzureichend, nicht mangelhaft, sondern genug und mehr als nur das, ein geliebter Mensch, „mein bester Mann", wie ich oft zu ihm sagte.

Schließlich starb mein Vater von einem Tag auf den anderen, weder zum richtigen noch zum falschen Zeitpunkt, in gewisser Weise zufällig, es hat niemand danach gefragt. Entscheidend war, dass wir noch kurz vor dem letzten Atemzug meines Vaters an seine Zukunft glaubten, an den nächsten Moment, und dass alle bemüht waren, meinem Vater den nächsten Moment, trotz der Schwere seines Schicksals, leichter zu machen.

*Marlene Streeruwitz, Hermann-Hesse- und Peter-Rosegger-Preisträgerin,
lebt als Schriftstellerin in Wien und in Berlin.*

Marlene Streeruwitz

Der Tod ist überall. Denn. Über den Tod kann gut gesprochen werden

„12 Schülerinnen starben bei dem Versuch, den Flammen zu entkommen. – Der Trainer des VfL Wolfsburg gab die Freigabe des Spielers...“

Ich fahre in einem Taxi in Paderborn. Das Radio ist laut aufgedreht. Beim Namen VfL Wolfsburg dreht der Taxifahrer das Radio noch lauter auf.

In diesen Nachrichten gab es 12 Tote. In den Nachrichten. In den Medien. Manchmal sind es mehr. Manchmal sind es weniger. Wir kennen das. „24 Tote bei Busunglück in Südfrankreich“. „6 Millionen Holocausttote“. „241 Verkehrstote im Jahr 2014 in Österreich“.

Im Tod verschwinden die Leben und werden statistisch verwertbar. Abgeschlossen, werden die Leben aus der Zeit genommen. Die Leben werden zu messbaren Einheiten. Eine Kultur, die sich auf das Messen und die Einteilung in Maßeinheiten verschworen hat, die muss dann nur den Tod zur Kenntnis nehmen. Der Tod ist messbar. Und. Über den Tod wird selbstverständlich geredet. Selbstverständlich und als Nachtrag. Ein buchhalterischer und grammatikalischer Nachtrag ist das. Abgeschlossene Vergangenheit. Der Tod verschiebt die Leben aus ihrer Dauer der nicht abgeschlossenen Vergangenheit, die immer in die Gegenwart reicht, ins Imperfekt. „12 Schülerinnen starben.“ Nun kann über sie gesprochen werden, weil sie tot sind. Was eben nicht gesagt werden kann, das wäre die Gegenwart. „12 Schülerinnen sterben.“ Wir können nicht über das Sterben sprechen.

In der Rundfunknachricht im Paderborner Taxi wird auch gleich einer der Gründe dafür mitgegeben. Denn. „Die 12 Schülerinnen starben bei dem Versuch, den Flammen zu entkommen.“ Die 12 Schülerinnen haben es nicht geschafft. Es blieb dabei, ein Versuch zu sein. In unserer Überleistungsgesellschaft gilt das nicht. Da gibt es keine Tragödien mehr. Da gibt es nur Schuld und Nichtschuld. Schafft einer oder eine es. Oder eben nicht. Die 12 Schülerinnen haben es nur versucht. Das ist zu wenig. Die 12 Schülerinnen sind irgendwie selbst schuld, dass sie nun tot sind. Ihr Versuch ist nicht gelungen. Und. Ihr Sterben wird in dem Versuch versteckt. Das Pronominaladverb „bei" „beim Versuch" stellt den Raum her, in dem der Versuch stattfindet. Der Vorgang des Versuchs zu entkommen verbirgt das Sterben in den Flammen. Dieses Sterben ist miterzählt. Und so. So wird immer über das Sterben geredet. Verschoben. In Metaphern. In Andeutungen. In Lügen.

Es werden immer Gründe für das Sterben angegeben. Das Sterben wird den Sterbenden angerechnet. Der Vorgang des Sterbens wird in Metaphern verschoben und mit Gründen versehen. Die Konjugation von „sterben" in der Gegenwart kann nicht verwendet werden. Die simple Ungeheuerlichkeit des benannten Vorgangs kann nicht gesagt werden. Denn. Könnten. Dürften. Müssten. Oder sollten wir dieses Verb konjugieren.

Ich sterbe.

Du stirbst.

Er stirbt.

Sie stirbt.

Es stirbt.

Wir sterben.

Ihr sterbt.

Sie sterben.

Es müsste die Welt innehalten und zuhören. Es müsste Klage geführt und die sterbende Person beweint werden. Ja, das Sterben selbst. Und nicht erst der Tod. Das Ekstaseverbot unserer Kultur müsste aufgehoben werden und der Trauer und dem Entsetzen über unsere Endlichkeit Platz machen. Aber. All das wäre eine Störung. All das wäre eine Störung der Abläufe. Der Alltag wäre unterbrochen. Das Innehalten führte zu Stauungen. Personen könnten sich versammeln und gemeinsam Klage führen. Ansammlungen könnten die Folge sein. Massen sich zusammenfinden. Emotionalisierte Massen. Aufruhr. Ja. Revolution.

Die über Jahrtausende reichende Bändigung der Gefühle in geregelte kirchlich-religiöse Abläufe wäre zunichte gemacht.

Denn. Das Sterben Jesu in der Passion als Nachweis seiner Menschwerdung, die durch das Wort des Vaters in den Triumph der Auferstehung als göttliches

Wesen in die Rückkehr in die heilige Dreifaltigkeit gewendet wird. Dieser Nachweis, dass der Tod im Wort des Vaters überwunden wird. Dieser das Zentrum der christlichen Botschaft bildende Nachweis der Auferstehung wird über das Sterben Jesu gelehrt. In den Gebeten der Osterpassion muss jede betende Person selbst mitsterben. In den Gebeten der Osterpassion und in der Heiligen Messe. Es muss dieses Sterben angebetet werden. Alle Empathie muss von klein auf in diese Sterbensgeschichte eingehen. Hinter dieser in der Kirche gelehrten Zwangsempathie müssen alle anderen Sterbensgeschichten zurücktreten. Und hier liegt das eigentliche Tabu. Es gilt nur das Sterben Jesu. Die Sterbensgeschichte Jesu ist göttlich. Jedes andere Sterben wird danach weniger wert sein. Diese göttliche Sterbensgeschichte ist ja jene Norm, an der das Sterben jeder gläubigen Person gemessen und das Ungläubiger verachtet wird.

In Erwartung des Letzten Gerichts wurde dann ja auch jede Steigerung des Leids und des Schmerzes als Mittel angesehen, sich die ewige Seligkeit zu verschaffen.

Heute. Wir leben in einer postkatholischen Kultur. Aber. Die Erinnerung an die Geordnetheiten eines erastianischen Katholizismus wirken weiter. Vage und ungenau. Und so wird das Sterben als eine Anstrengung im Schmerz selbstverständlich mitgedacht. Es muss gelitten werden, sonst ist es kein Sterben, ist da die historisierende Logik, die aus dem kulturell Unbewussten wirkt. Die Notwendigkeit von Schmerz und Leid als Durchgangsphase zum ewigen Leben. Schmerz und Leid müssen angesammelt werden. Immer im Streben, Jesus auch im Schmerz nachzufolgen. Eine Buchhaltung von Schuld und Sühne wird da geführt. Und. Das Sterben wird dem Tod zugerechnet. Die erwartete Passage hinüber wird vom Tod in der Zeit zurückgerechnet. Und. Mitleidlos wird einer der wichtigsten Grundsätze sadistischen Kleinbürgertums angewandt. „Anderen geht es noch viel schlimmer." Immer steht da die Rechnung dahinter, dass das vermenschlichte Leid des Sohnes Gottes als höchstes Leid unerreichbar bleiben muss.

Wenn aber nun diese Passion Jesu das Sterben in Schmerzen das Sterben aller anderen übertrifft. Wenn diese Hierarchie des schmerzvollen Sterbens Jesu als Lehre über das Sterben etabliert worden ist. Das Sterben Jesu, dem wir im Kreuzweg der Karwoche in der Prozession die einzelnen Stationen entlang betend folgten. Dieses Sterben ist dann das einzig sagbare Sterben in der katholischen Liturgie. Die Leidensgeschichten der Märtyrer und Märtyrerinnen. In ihnen wird das leidvolle und gewaltsame Sterben dieser Personen zur Hymne auf das Sterben Jesu.

Wir haben gelernt, das schmerzerfüllte Sterben anzubeten. Das ist eine tiefe Prägung. Das ist unser Unterricht im Sterben. Und.

Wie daraus entkommen.

Hier hilft nur das strenge und genaue Durcharbeiten der jeweiligen kulturellen Erbschaften. Die Sache mit dem Sterben nur einfach leichter zu nehmen, das brächte nur eine Umbenennung der Bändigungen und führte zu nichts.

Es ginge darum, das Sterben für das Leben zu reklamieren und den Tod als Abschluss des Lebens anzusehen und nicht als Beendigung des Sterbens. Erst die Rückeroberung des Sterbens in das Leben ermöglichte jenen Raum der Gestaltung, den wir für alle Zeiten unseres Lebens beanspruchen sollten. Es ginge um die Autonomie der Person bis an das Ende. Das wiederum bedeutete, dass alle Personen von Anfang an Mitgefühl gelernt haben, um es dann auch für sich selbst anwenden zu können. Das wiederum hieße, dass die Sterblichkeit eine Rolle in unserer Alltagskultur bekommen müsste. Der Satz „Jedes Leben zählt" könnte so die Voraussetzung herstellen, dass jedes Sterben zur Kenntnis genommen werden kann. Und dann wiederum wäre eine Bildung notwendig, die den Personen jene Verfasstheit ermöglicht, sich selbst in der Sterblichkeit begreifen zu können. Und das zu ertragen. Und in Würde. Auch sich selbst gegenüber.

Aus dieser Erkenntnis heraus könnte die Gestaltung des Lebens als einem Endlichen beginnen und davon ausgehend zu einer Kultur des Lebens gelangen, in der wiederum zu einer Kultur des Sterbens zu kommen sein könnte. Ich weiß, dass diese Kultur manchmal gelingt. Ich weiß auch, dass diese Kultur nachgelernt werden kann. Die Mitarbeiter und Mitarbeiterinnen der Hospize wissen mehr darüber.

In Paderborn. Am nächsten Tag beim Frühstück im Hotel. Ich las in der Zeitung, dass die 12 Schülerinnen bei einem Erdbeben im Hindukusch umgekommen waren. „Die pakistanischen Behörden nannten die Zahl von mehr als 150 Toten, in Afghanistan wurden 69 Tote offiziell bestätigt. Zwölf davon waren Schülerinnen, die bei einer Panik in der nordafghanischen Stadt Talokan ums Leben kamen, als sie aus ihrem Schulgebäude rannten. Die Behörden rechnen mit weiter steigenden Totenzahlen." So stand es dann in der Frankfurter Allgemeinen Zeitung. Die 12 Schülerinnen sind dann auch für die Frankfurter Allgemeine Zeitung zu langsam gelaufen. Aber. Die Toten sind schon in der Aufzählung verschwunden. Der Satz über die 12 Schülerinnen fordert kurz Mitgefühl ab. Einen Augenblick. Dann tritt die Statistik wieder in den Vordergrund. 219 Personen sind tot. 12 davon waren Schülerinnen. Die Reihen schließen sich. Die Toten versinken. Als letzten Satz dieses Artikels lese ich, „damals waren 75 000 Menschen ums Leben gekommen". Das sind Deckberichte. Das Sterben von 219 oder 75 000 Personen wird in der Statistik noch einmal erstickt. Denn. Wenn ohnehin nicht jedes Leben zählt. Und gerade die Flüchtlingspolitik unserer Tage bestätigt uns das aufs Deutschlichste. Wenn also ohnehin nicht jedes Leben zählt, warum dann jeden Tod aufzählen. Und ja. Über den Tod kann viel zu leicht gesprochen werden.

Die Schriftstellerin Valerie Fritsch ist Mitglied der Literaturgruppe die plattform und gewann den Kelag-Preis beim Ingeborg-Bachmann-Preis 2015. Sie lebt in Graz.

Valerie Fritsch

Der Tote ist ein unsichtbares Telefon

Der Tod ist eine künftige Tatsache, ist Gewissheit und ein alle einendes Schicksal. Er ist die kleine Schnittmenge im Tortendiagramm der noch gegenläufigsten Leben. Eine Unruhe und ein Hunger ist allem eigen, in dem das Sterben angelegt ist. Es leitet die Wege und lässt stets fürchten, ob es die richtigen sind. Es bewahrt den Menschen vor der Unendlichkeit, dieser unerträglichen Vorstellung, und der Beliebigkeit, die mit ihr kommen muss. Es stellt die Uhren. Es ist ein Auftrag, ein Ruf zu Exzess als biologischer Imperativ, bevor man ins Grab sinkt. Der Tod ermuntert zum Leben, bis er eintritt.

Viele Zeichen gab es früher, die das Ende verkündigten, und für den, der abergläubisch durch die Welt ging, war es schier unmöglich, nicht unaufhörlich den nahenden eigenen oder fremden Tod vorauszusehen. Wenn die Käuzchen schrien *Geh mit, Geh mit,* wenn die Pferde vor den Häusern scheuten, wenn die Bäume spät im Winter blühten, wenn ein toter Vogel in den Kamin stürzte und voller Kohlenstaub in die Asche, würde jemand sterben.

Wer zwischen dem Weihnachtsabend und der Silvesternacht Wäsche aufhängte, holte sich den Tod ins Haus, als winkten die leeren Hosenbeine und Hemdsärmel den Knochenmann in die Stuben herein. Wer bei der Aussaat im Garten ein Stück vergaß, auf dem die Erde bloß und ohne Blumen blieb, hatte sich ein Grab gesät. Jedes Möbelstück konnte ein etwaiger Unglückbote sein. War im bewegten Holz der Schränke das Rascheln des Totenwurms zu hören, blieben die Uhren stehen, fiel ein Bild von der Wand oder glitt ein Spiegel zu Boden mit dem Gesicht dessen, der sich gerade noch betrachtet hatte im Glas, war nichts mehr zu machen. Wurden viele schwarze Lämmer geboren im Frühling, verhieß es Schlechtes, sah man in Dämmerfrühen Rabenvögel um die Dächer fliegen, war es nichts Gutes. Wer mit dem Gesicht gegen die Tür schlief, würde noch im selben Jahr durch sie hinausgetragen werden, und wer im Alter noch einmal ein Haus baute oder gar ein Bild von sich malen ließ, war des Todes. Die Welt der Wundergläubigen war eine Welt voll unerschöpflicher Todesnähe und Prophezeiung, in der alle Gegenstände und Tiere bedeutungsaufgeladen dem Tod dienten. Jeder Fehler und jeder Zufall konnte einen ins Grab stoßen. Auch war es schwierig, beim Sterben etwas richtig zu machen, dass man nicht den Nächsten, der am Bette noch Wache hielt am kalten Leib, mitriss. Sahen die Augen in diese Richtung oder in jene, war der Kopf des Toten so oder so gedreht, jeder abweichende Zentimeter konnte den Umstehenden schon zum ihm bald Nachfolgenden machen.

Heute weiß man nicht mehr viel vom Tod. Er hat nicht nur seine Gegenwärtigkeit eingebüßt, aber muss seine Existenz rechtfertigen. Er ist von den Bildflächen der Gesellschaft im Neobiedermeier verschwunden und zu Geheimnis und Schwäche des Menschen geworden. Häufig versteckt, oft einsam. Einsam für die Alten, die gehen, und einsam für die Jungen, die nicht wissen, dass man ein Stück mitgehen kann. Man ist ungeübt in Nähe und unfähig zum Abschied. Es

„Dann kommt die Traurigkeit. Die Liebe will ja immer lieben und der Tod steht dem so unhöflich gegenüber."

fehlen die Gesten, die schlussendlich die Gegensätze von Alter, Gesund- und Krankheit überwinden, und es fehlt an ihrer Selbstverständlichkeit. Keine Furcht zu haben vor den Intimitäten und Überraschungen, die ein Sterben mit sich bringt, nicht scheu zu sein gegenüber einem in sich selbst hineinschrumpfenden Körper, einem gezeichneten Leib, einem verschwindenden.

Wie schade, wenn man nicht weiß, wie man ihm persönlich begegnet, wenn er institutionalisiert und einsam ist, wenn es einem fremd bleibt, wie weich und schön die Hände, die alte Haut einer Großmutter sein können und wie lebenswichtig jede letzte Berührung, jedes Wort, jede Anwesenheit ist, nicht nur für die, die sterben, aber auch für einen selbst. Es sind Augenblicke, Tage, manches Mal Jahre, die eine Solidarität, die man heute nicht mehr erlernt, erfordern und eine Liebe, die nicht feig ist. Abschied zu nehmen fällt nie leicht. Teilzunehmen und sich dem auszusetzen verlangt Mut. Die Grenzen lösen sich auf, wenn Eltern in ihren letzten Stunden wieder klein werden wie Kinder und man sie doch groß sein lassen muss. Niemand stirbt nach dem Lehrbuch. Der Tod ist Knochenarbeit, scheint immer ungerecht, für die Sterbenden und für die Bleibenden. Ist organisch, sinnlich, archaisch, verstörend, entblößend, schlussendlich versöhnlich. Die letzte Metamorphose, ein großer Zaubertrick, den man ertragen können muss.

> *„Jeder Abschied ist unumkehrbar. Jeder Tote unersetzlich.*
> *Trauer ist etwas Wildes, so gewaltig und neu,*
> *wie man es sich nie hätte vorstellen können,*
> *bis sie einen von innen befällt."*

Der Körper verwandelt sich und mit ihm der ganze Mensch, den man kannte. Man verliert ihn an den großen Schlaf, den Immermüden, die Augen immer öfter schließend, dünn und mager, unempfindlich für Hunger und Durst. Man sieht ihn verschwinden. Man hört auf den schweren, unregelmäßigen Atem, der rasselt, als klängen Ketten in den Lungen, wenn der Körper zu schwach wird, den Schleim abzuhusten. Die Hände und Füße sind ewig kalt, so viele Decken man auch auftürmt. Mund und Nase werden grau, die Augen trüben sich und die Pupillen reagieren immer weniger auf Licht, als hätten sie sich schon an ein Dunkel gewöhnt. Das Bett wird feucht von Schweiß. Der Puls schnell und schwach, bevor er vollständig abklingt und die Verwandlung geglückt ist, dann gibt es die ruhige Erschöpfung, die dem Toten im Gesicht steht, wenn er sich herausgehäutet hat aus seinem Schicksal und vom Leben endlich ganz gelöst.

Bevor man traurig werden darf, wird man pragmatisch. Irgendwann bleiben die Jahre, in denen niemand stirbt, aus, irgendwann sind Beerdigungsbesuche nicht mehr neu, aber regelmäßige Aufgabe jedes gewöhnlichen Erwachsenen und jedes traurigen Kindes. Irgendwann ist man alt genug, sich einen Begräbnismantel zu kaufen, schwarze enge Schuhe und Taschentücher. Irgendwann ist man alt genug für den unaufhörlichen, fremden Tod, für die Wahl von Kranz, Sarg, Urne, weint, wählt, entscheidet über die Form der Trauer und über die Form des Toten selbst. Denn was kann man nicht alles mit ihnen machen, sie eingraben oder verbrennen, plastinieren oder kryonisch einfrieren, ihre Körper in Seemannsbestattungen vom Meer davontragen lassen oder den Anatomisten in weißen Kitteln spenden, ihre Asche zu einem Diamanten pressen und als Schmuckstück am Finger mit sich tragen oder sie mit einer Trägerrakete fortschießen in den Weltraum. Für ein bisschen Geld reisen sieben Gramm des Verstorbenen in einer Mikrokapsel in die Erdumlaufbahn, umrunden die Welt, verglühen, wenn sie wieder in die Atmosphäre eintreten. Schickt man sie aber ins All, treiben die Kapseln ewig zwischen dunklen Sternen, Astronauten aus Staub en miniature.

Dann kommt die Traurigkeit. Die Liebe will ja immer lieben und der Tod steht dem so unhöflich gegenüber. Er bricht das Kontinuum und die Gewohnheit, dass alles wiederholbar ist. Er belehrt uns, dass es bei Menschen und ihrem Verlust nicht um Beliebigkeit, aber um Einzigartigkeit geht.

Jeder Abschied ist unumkehrbar. Jeder Tote unersetzlich. Trauer ist etwas Wildes, so gewaltig und neu, wie man es sich nie hätte vorstellen können, bis sie einen von innen befällt. Und kann schön werden, wenn es einem gelingt, den Toten in sich selbst zu implementieren, zum Erinnern und für alle Geheimnisse, wenn man seine Körperlosigkeit irgendwann dazu nutzt, ihn stets verfügbar mit sich zu führen, als hätte man die Großmutter ständig an einem unsichtbaren Telefon im Kopf. Das ist der nächste Zaubertrick. Für den man bloß lieben muss.

Die Blätter fallen, fallen wie von weit,
als welkten in den Himmeln ferne Gärten;
sie fallen mit verneinender Gebärde.

Und in den Nächten fällt die schwere Erde
aus allen Sternen in die Einsamkeit.

Wir alle fallen. Diese Hand da fällt.
Und sieh dir andre an: es ist in allen.

Und doch ist Einer, welcher dieses Fallen
unendlich sanft in seinen Händen hält.

Rainer Maria Rilke

Der Philosoph Peter Heintel lehrt am Institut für Philosophie und Gruppendynamik der Universität Klagenfurt und ist Gründungsmitglied des Vereins zur Verzögerung der Zeit.

Peter Heintel

Das Gewisseste unseres Lebens

Obwohl wir alle wissen, dass unser Leben einst zu Ende geht, dieses Ende uns ab unserer Geburt begleitet, der Tod zum Leben gehört als seine innerste Differenz, sein Widerspruch, stehen wir vor einem seltsamen Paradoxon: Es ist der Tod das Gewisseste unseres Lebens, gewisser als alle sonstige Wahrheit und Erkenntnis, und doch wissen wir nicht, was er wirklich ist. Seine Erfahrung ist eine endgültige und die ihn erfahren, können uns nicht mehr mitteilen, was er ist. Das Gewisseste ist zugleich das nicht Gewusste. Zwar können wir den Tod an anderen erleben, und es gibt vielerlei Bemühungen, aus „Nahtoderlebnissen" etwas über ihn herauszubekommen (auffallend ist auch hier die Tendenz, ihn positiv, tröstlich darzustellen), alles Wissen ist aber schattenhaft und erreicht nicht die Gewalt dieses Ereignisses. Auch deshalb, weil es keine Stellvertretung gibt. Letztlich stirbt jeweils ein besonderes Leben, ein Individuum, das unverwechselbar seinem eigenen Ende zugeht. Auch hier der Widerspruch: Als Schicksal aller Menschen ist der Tod das Allgemeinste (das allen „Gemeinsame"; „Sterben kann nicht so schwer sein, es ist bis jetzt immerhin jedem gelungen"; hört man in ironisch-tröstender Absicht); es muss ihn aber jeder für sich erleiden. Diese einzelschicksalhafte Betroffenheit ist in unserer Kultur, die die Würde der Person ins Zentrum gestellt hat, negativ vermerkt zum Individualismus drängt, besonders ausgeprägt; wohl auch ein Grund, Sterbende sich selbst zu überlassen, sie in Kliniken früher in eigene Sterbezimmer abzuschieben.

Todesverdrängung der Lebenden ist das eine (vor allem in Kliniken, wo der Tod ständig die Kunst der Medizin „beleidigt"), die Individualisierung des Todes das andere. So gibt es in unserer Welt auch andere Kulturen, die Sterben und Tod zu einem Gemeinschaftsfest machen, seine den Einzelnen überwältigende Radikalität auf diese Weise abschwächen, milder machen. Dort sind aber auch während ihres Lebens Individuen in ihrer Gesellschaft fester verankert; ihr Tod ist daher Schicksal aller. Das ist es zwar auch bei uns, jedenfalls eines der unmittelbaren Umgebung Angehöriger und Freunde. In besonderer Weise ist er aber auch ein Abschied von sich selbst. Sterben ist also ein mehrfacher Abschiedsprozess, einer aber, der auch *mich* von mir trennt; mich allmählich verloren gehen lässt.

Immer wieder bekommen wir bestätigt: Die meisten Menschen wollen zu Hause, in gewohnter Umgebung, begleitet durch vertraute Menschen, sterben. Soll diese gewohnte Vertrautheit das sich verlierende Leben zurückholen? Soll sie die Hoffnung stützen, es könne alles so weitergehen wie bisher? Oder braucht man im Sterben, in der Verabschiedung von sich selbst, im harten Kampf des Todes mit seinem Leben die Begleitung Lebender? Es ist schwer, von Sterbenden auf diese Fragen Antworten zu verlangen. Eines muss uns als Sterbenden allerdings klar sein: Wir verändern durch uns selbst alles vergangene Vertraute, verlangen von unserer Umgebung Umstellungen, die vor allem in länger dauern-

„Es ist der Tod das Gewisseste unseres Lebens,
gewisser als alle sonstige Wahrheit und Erkenntnis,
und doch wissen wir nicht, was er wirklich ist."

den Sterbeprozessen sehr hart sein können. Denn Lebendiges scheint sich mit dem Sterben schlecht zu vertragen, fühlt es trotz allem Mitgefühl und Mitleiden als Angriff auf sich selbst.

Was macht unsere Gedanken ans Sterben so bedrückend? Sicher das Erleben eines Verlustes lieber Menschen, insofern ist der Tod insbesondere ein Problem der Zurückgelassenen. Sicher aber auch sein Charakter als Übergang. Wir mögen zwar in unserem Leben einige Übergänge hinter uns gebracht haben, von manchen durchgeschüttelt worden sein, es ist aber immer etwas darnach gekommen, das im weiterfließenden Strom des Lebens seinen Platz gefunden hat. Das Darnach des Sterbens hat ihn nicht mehr. Der Übergang verliert sich im Unbestimmten. Letzteres scheint uns unerträglich. Übergänge fordern ein anderes Ufer, einen Ort, an dem der Gang zur Ruhe kommt, wieder festen Grund unter dem Boden hat.

„Wir alle leben so, als wären wir unsterblich", soll Kant einmal gesagt haben. Also verlangen wir auch Fortsetzung über das Leben hinaus. Etwas anderes ist es aber, Unsterblichkeit *im* Leben, als einen Ansporn, nicht den Tod als ständigen Begleiter beiseite haben, nicht dauernd nachdenken zu müssen, jetzt und jetzt könnte es passieren; etwas anderes, als Unsterblichkeit als geläuterte Vorstellung eines besseren Lebens *nach* dem Tode zu kultivieren. Ein Übergang vom Leben zum Tod, also Sterben, bleibt ein solcher zum Tod und nicht zu einem ewigen Leben, von dem wir noch weniger wissen als vom Sterben und Tod. Es mag uns

> *„Todesverdrängung der Lebenden ist das eine,*
> *die Individualisierung des Todes das andere."*

vielleicht gelingen, unser Nicht-Wissen, die Erfahrung des Unbestimmten, des Nichts, der Leere, als Chance umzudeuten, die uns gestattet, in dieses Jenseits alles Mögliche hineinzudenken. Schließlich haben fast alle Kulturen, Religionen usw. heftig davon Gebrauch gemacht, und zweifellos ist Tröstung gelungen.

Jenseitsorientierung kann aber auch Betrug am Leben, seiner Endlichkeit sein. Vielleicht auch einer am Erleben des Sterbens; denn dieses ist das der radikalen Endlichkeit, der wir zwar immer ausgeliefert sind, die wir aber ebenso ständig zu überwinden trachten. Im Sterben stellt sie sich unerbittlich ein. Der Widerspruch, der wir selbst sind, kommt gleichsam zur reinsten Ausprägung: einerseits freie, autonome, der Selbstermächtigung fähige Menschen zu sein, andererseits abhängig und ausgeliefert zu sein, einem Ende, über das wir keine Macht haben, dem wir verfallen sind.

Das Ende hat daher auch in unserer Sprache einen stimmigen Facettenreichtum: Im Sinne des Überganges im Leben steckt in ihm bereits der Weg zu neuen Ufern; enden, beenden, beschließen, entschließen, das zugleich einen Anfang bedeutet; vollenden, in dem nichts mehr hinzuzutun ist; und verenden, das wir zwar den Geschöpfen der Natur vorbehalten sein lassen wollen, das aber auch uns im Verfallen betrifft. Im Sterben scheinen all diese Facetten miteinander „im Spiel" zu sein. Der Kampf mit dem Tode, die letzte Aktivierung aller (Selbstheilungs-)Kräfte will noch einmal den Übergang ins Leben. Im Tod vollendet sich bisheriges Tun und Wirken, es bedarf keiner weiteren Mühen und Anstrengungen. Vielleicht lässt sich auch aus den bisher erfahrenen „kleinen" Vollendungen des Lebens im Nachsinnen ein bunter Strauß zum Abschied binden; vielleicht gibt es Versöhnung mit Unerledigt-Belastendem. Auch dieses erfährt sein Ende. Schließlich schwinden die Kräfte, Geist und Körper ziehen sich zurück, nur mehr auf wenigen Inseln „blüht" noch das, was man einstens war.

Der Übergang wurde aber nicht nur ins Jenseits „verlängert", man hat ihn auch ins Diesseits zurücknehmen wollen. Insbesondere in unserer säkularen Zeit hat man die „irdische" Unsterblichkeit entdeckt. Frauen werden in ihren Kindern unsterblich, Männer in ihren Werken, die sie überdauern. In diesen

„Was macht unsere Gedanken ans Sterben so bedrückend?
Sicher das Erleben eines Verlustes lieber Menschen, insofern
ist der Tod insbesondere ein Problem der Zurückgelassenen."

Versuchen mag sich zwar die Todesüberwindungssehnsucht zeigen, man mag sich glücklich schätzen, der Nachwelt im Gedächtnis zu bleiben; vielleicht wird man in dieser Aktivität auch tatsächlich älter. Im Sterben kann ich vielleicht auch noch mit Wohlgefallen auf meine Hinterlassenschaft zurückblicken und mit mir zufrieden sein, in ihr werden aber andere leben, nicht mehr ich.

In humorvolleren Weisen haben „Sprüche" den Übergang ins Diesseits zurückgegeben, wenn es etwa heißt:
„Der Wucherer musste mit seinem Leben bezahlen."
„Dem Dichter wurde die Feder aus der Hand genommen."
„Der Pfarrer segnete das Zeitliche."
„Der Atheist musste daran glauben."
„Der Jäger ist in die ewigen Jagdgründe eingegangen."
„Der Schauspieler ist von der Bühne abgetreten."

So sieht man, dass das Wesen seines Berufes auch die Todesart bestimmen kann. Mein Versuch, dem Sterben näherzutreten, aus einem „Noch-Nicht" über etwas zu reden, was bei seinem Eintreffen sich vielleicht ganz anders darstellt, als ich jetzt erfassen kann, mag vielleicht auch einen Hinweis geben auf alle Probleme des „Vorwegnehmens". Patientenverfügungen, Erklärungen, wie man etwas einmal haben will, kommen aus einem gegenwärtigen Leben, das jedenfalls anders ist als sein Sterben. Wer weiß, was uns das Sterben alles einfallen lässt, welche „nachträglichen" Korrekturen es imstande ist, zu erwägen; vielleicht ein Zustand, der sein eigenes Artikulationsrecht verlangt.

*Barbara Frischmuth, Josef-Krainer-Preisträgerin und Trägerin des
Österreichischen Ehrenkreuzes für Wissenschaft und Kunst, lebt in Altaussee.*

Barbara Frischmuth

Begleiteter Suizid on demand?

Die Debatte über den freien Willen ist wohl so alt wie die Menschheit bzw. die Sprache, in der man Fragestellungen dieser Art zum ersten Mal diskutieren konnte.

Aber worauf bezieht sich dieser freie Wille, der sich von Anfang an und immer wieder hinterfragen lassen musste, überhaupt? Von den alten Religionen und Philosophien wurde er als moralische Verpflichtung gesehen: Nur wer frei entscheiden kann, etwas zu tun oder nicht zu tun, kann für das, was er tut, zur Verantwortung gezogen werden. Doch gerade diese Version des freien Willens sah sich immer wieder mit Begriffen wie dem Willen der Götter, Schicksal, Vorsehung und Bestimmung konfrontiert.

In moderneren Gesellschaften war dann von Herkunft, Erziehung, sozialem Druck, Milieus (und der Schädigung durch diese) die Rede, was die Vorstellung von einem tatsächlich freien Willen empfindlich einschränkte. In einer noch moderneren Welt versuchte man dann die Gene des Menschen für sein Handeln verantwortlich zu machen. Seit man aber den einzelnen Menschen als kleines, wenn auch selbstständiges Universum, bewohnt von mindestens ein bis zwei Kilogramm Bakterien der verschiedensten Art, sieht, vermutet man darin eine Beeinflussungen unserer „freien" Entscheidungen. Und da man auch noch entdeckt hat, dass sich in unserem Darm mindestens ebenso viele Nervenzellen (wenn auch anderer Art) befinden wie in unserem Gehirn, erscheinen die „Entscheidungen aus dem Bauch heraus" in einem anderen Licht.

Somit ist wieder einmal ein neues Menschenbild im Entstehen begriffen, an dessen Ausformung nicht nur das eigene plastische Gehirn beteiligt ist (in dem übrigens noch immer keine zentrale Schaltstelle ausgemacht werden konnte), sondern angeblich auch unser Darm mit all seinen Bewohnern, die aus ebenso vielen Stämmen und Völkern bestehen wie die Menschen auf diesem Planeten. In welcher Form diese Beteiligung stattfindet, ist noch nicht hinreichend beschreibbar, aber dass sie zumindest auf unseren Körper Einfluss ausübt, scheint gewiss.

Die Idee, sich durch den Austausch körpereigener Bakterien (wovon die Medizin heute bereits Gebrauch macht) womöglich auch als Person, die sie beherbergt, zu verändern, wird weltweit diskutiert, muss aber wohl erst durch weitere Forschung untermauert werden. Dass sich mit diesem Bakterienaustausch Gesundheit und Wohlbefinden verbessern lassen, ist durch eine Reihe von Fallstudien belegt.

Was das alles mit dem freien Willen zu tun hat? Die Frage ist dabei ja noch immer, wovon eine solche freie Willensentscheidung im Einzelfall abhängt. Von Vorschlägen der Moral oder von Umständen und Befindlichkeit?

Waren z. B. all die Freiwilligen, die in Kriege gezogen sind, tatsächlich in der Lage, freien Willens zu entscheiden, ob sie ihr Leben auf den Altären ihrer verschiedenen Vaterländer opfern wollten, oder hat sie die momentane Begeisterung in eine Entscheidung gedrängt, die sie nicht einmal allein, sondern zusammen mit vielen anderen (Begeisterung gilt als ansteckend) getroffen haben?

Wie auch immer, die Sache mit dem freien Willen ist längst noch nicht eindeutig geklärt und wird vielleicht auch nie eindeutig zu klären sein. Einerseits soll es ihn als Selbststeuerung geben, wie manche Neurowissenschafter behaupten, und andererseits soll es ihn nicht geben, wie andere Neurowissenschafter anhand von Kontrollen der Gehirnströme zu beweisen versuchen.

Was aber hat es mit dem freien Willen auf sich, wenn man sich freiwillig töten, will sagen, beim Selbstmord helfen lassen möchte? Im Sinne von Sterben als therapeutische Maßnahme, wie es der Titel einer Reportage von Rachel Aviv (erschienen am 22. 6. 2015 im *New Yorker*) suggeriert? Dabei handelt es sich um einen Bericht über begleitende Sterbehilfe (wie sie in Belgien seit zehn Jahren gesetzlich anerkannt ist) und darüber, wie und von wem sie durchgeführt wird, wie ihre Befürworter und wie ihre Gegner argumentieren, und das alles zusammengefasst in der Frage, unter welchen Umständen es erlaubt sein sollte, nicht moribunden Menschen beim Sterben an die Hand zu gehen. Denen, deren Leidensdruck zu groß ist? Ist da der freie Wille nicht äußerst eingeschränkt? Oder soll man den „freien" und „unumstößlichen" Willen eines Menschen, zu sterben (aus welchen Gründen auch immer), einfach respektieren?

Aktenkundig ist, dass die meisten Menschen, die um Sterbehilfe ansuchen (zumindest in Belgien), das häufig nicht wegen physischer Qualen tun, sondern wegen psychischer, verursacht von Depressionen, oder weil sie schlicht und einfach „lebensmüde" sind.

Da der freie Wille des jeweiligen Patienten oder der Patientin (gemäß dem belgischen Euthanasie-Gesetz) als vorrangig zu gelten hat und diesem freien Willen auch ein Recht auf begleitende Sterbehilfe zugestanden wird, werden z. B. auch Familienmitglieder, die Einspruch erheben könnten, so der Patient oder die Patientin das nicht möchte, erst nach deren eingetretenem Tod verständigt, was bei einer Reihe von Hinterbliebenen nicht nur Schmerz, sondern auch massive Schuldgefühle ausgelöst hat. Wie z. B. bei dem Mann, dessen Mutter (übrigens selbst Ärztin) euthanasiert wurde und in deren Abschiedsbriefen an diverse Freunde zu lesen stand, dass sie wenigstens das Sterben richtig hinkriegen wollte, wenn sie schon in ihrem Leben und in ihrer Familie versagt habe.

Ein emeritierter Philosophieprofessor der Leuwener Universität, an den sich der Sohn wandte, meinte, die Geschichte klinge wie eine realisierte Utopie: alles ordentlich und sauber und dennoch grauenhaft. Ein anderer Gesprächspartner des Sohnes, ein Professor für Psychiatrie, erklärte hinwiederum, er halte diese Ansuchen um Euthanasie für nützlich, denn sie würden Patienten, die ansonsten keine medizinische Hilfe in Anspruch nähmen, dazu bringen, mit Ärzten über ihr Gefühl der Hoffnungslosigkeit zu reden. Die meisten seiner Patienten, sagt er, sogar solche, denen Sterbehilfe zugesagt worden war, seien dann doch zu dem Schluss gekommen, dass sie weiterleben wollten. Schon allein weil es diieses Gesetz gebe, würden sich die Menschen andere Fragen stellen, wie die nach der eigenen Lebensqualität oder ob sie anderen zur Last fallen würden.
Natürlich mache es einen großen Unterschied, fügte er hinzu, ob man Menschen, die im Sterben liegen, helfe oder ob man Menschen zur Hand gehe, die unbedingt sterben wollen.
Dass Ärzte, die sich hauptsächlich mit palliativer Pflege befassen, diese legalisierte Sterbehilfe für überflüssig halten, lässt sich nachvollziehen und wird durch ihre Praxis auch wohl begründet sein.

Nach all den Gesprächen mit Sterbehelfern, Palliativmedizinern, Psychiatern und Angehörigen kommt Rachel Aviv zu dem Schluss, dass das belgische Gesetz eine neue Auffassung von Selbstmord erzeugt habe, nämlich einen Selbstmord, der, von seinen tragischen Dimensionen befreit, quasi als Therapie funktioniere. Sozusagen nach dem Motto „Operation gelungen – Patient tot".

Ich gebe zu, dass mich dieses therapeutische Sterben *on demand* einigermaßen irritiert, und ich frage mich natürlich, was immer mehr Menschen (glaubt man den Statistiken) sich die Seele dermaßen wundschürfen lässt an der eigenen, vermeintlich manifesten Unzulänglichkeit, der Sinn- und Zwecklosigkeit ihrer Existenz und den offensichtlich missglückten Beziehungen, dass ihnen nichts anderes mehr übrig zu bleiben scheint, als den Zeitpunkt ihres Todes zu bestimmen und unter Aufsicht zu sterben.

Ist es tatsächlich, wie vermutet, die Angst vor einem totalen Kontrollverlust in dieser globalisierten, digitalisierten und immer deutlicher manipulierten Welt, deren Innovationsdruck sie nicht mehr standzuhalten fürchten?

Oder ist es die Angst vor gerade jenem behaupteten freien Willen („alles ist deine Entscheidung"), der einem, je öfter er praktiziert wird, umso mehr Verantwortung aufhalst, mit der man immer weniger zurechtkommt, bis man sie durch eine letzte radikale Entscheidung ein für alle Male loswird?

Wie aber erklärt sich jene Lebensmüdigkeit, die weder einem tragischen Scheitern noch einer schweren psychischen Störung, sondern eher einem gewissen Ennui, einer Art Lebensüberdruss, geschuldet ist, und das in einer Zeit, der nichts wichtiger zu sein scheint, als ihre Genossen und deren Lebensstil mit allen Mitteln zu optimieren?

Oder lässt diese unsere Zeit all jenen, die mit ihren Pläsierchen auf die Dauer nicht bei Laune zu halten sind, doch zu wenig Orientierung und Unterstützung zukommen?

Andersrum gefragt: Bietet sie zu wenig Anreiz, sich aller Unzulänglichkeiten und allem Überdruss zum Trotz, ein lebenswertes Leben zu erarbeiten und, wenn es sein muss, zu erkämpfen? Hat sie ihnen statt dessen so viel Schrott in den Schoß geschüttet, dass sie darin nichts Bewundernswertes mehr entdecken können? Mit einem Wort: Geizt sie mit Lebenshilfe, wo sie mit Sterbehilfe auskommen kann?

Genau an diesem Punkt setzen die Therapievorschläge des Österreichers Niels Birbaumer an (Psychologe, Neurophysiologe und Leiter des Instituts für Medizinische Psychologie und Verhaltensneurobiologie an der Universität Tübingen), die er in seinem 2015 erschienenen Buch „Dein Gehirn weiß mehr, als du denkst – Neueste Erkenntnisse aus der Hirnforschung", beschrieben hat.

Während die begleitende Sterbehilfe, ob als freie Willensentscheidung oder bloß freiwillig (auch da scheint es einen Unterschied in der Intensität zu geben), naturgemäß immer auf den Tod hinausläuft, geht es bei den von Birbaumer entwickelten Therapien immer um das Leben und dessen Erleichterung, auch wenn es sich um schwerstkranke Menschen handelt.

Setzen die Sterbehelfer nur noch auf das vom Gesetz verlangte Untersuchungsgespräch (bei moribunden Patienten müssen dafür zwei Ärzte, bei nicht moribunden drei zugezogen werden) und somit auf das Ende aller Untersuchungen, findet Birbaumer auch noch Kontakt zu seinen Locked-in-Patienten, indem er sie an ein Brain-Machine-Interface anschließt und mithilfe einer Magnetresonanztomographie die Durchblutungsveränderungen auch der tieferen Regionen des Gehirns abbildet, um Reaktionen seiner Patienten auf die Spur zu kommen. Was ihm in mehreren Fällen auch nachweislich gelungen ist.

Birbaumers bevorzugte Methoden sind Kognitions- und Konfrontationstherapie, welch letztere manchmal auch drastische Formen annehmen kann. Aber wie er zu deren Verteidigung anführt, hat von Pillen noch niemand etwas lernen können.

Birbaumer ist der Überzeugung, dass Sterbehilfe nur in den hoffnungslosesten Fällen zur Anwendung kommen sollte, wie z. B. bei bestimmten Krebsarten, bei denen die Schmerzen nicht unter Kontrolle zu bringen sind. Aber für ihn ist selten ein Fall hoffnungslos. Und seine Therapieerfolge scheinen ihm recht zu geben.

Was er dennoch nicht verschweigt, sind die Mühen, die mit seinen Therapien verbunden sind. So brauche es etwa 15 bis 20 Stunden kognitive und Bewegungs-Therapie, bis bei einer Depression Besserung eintrete. Selbst wenn diese Art der Therapie vom Therapeuten viel Einsatz erfordere, so würde mit ihr eben jene nötige Intensität erreicht, um die Plastizität des Gehirns für die Behandlung von Ängsten und Depressionen nutzen zu können.

Die Plastizität unseres Gehirns, eines von Birbaumers Lieblingsthemen, bedeutet schlicht und einfach die Möglichkeit, uns zu verändern, aber auch uns mithilfe von Lernprozessen so umzuorientieren, dass unser Leben bis zuletzt lebenswert bleibt. Es ist auch viel von Selbstheilungsprozessen die Rede in diesem Buch und von der Hartnäckigkeit beim Setzen eines Ziels, das erreicht werden soll. Trainieren und stimulieren, damit Erfolgserlebnisse, und seien sie anfangs noch so gering, möglich werden. Dann könne man es sich auch bei Epilepsie, Parkinson und vielen anderen schweren Erkrankungen immer noch verbessern.

Einerseits ist es tröstlich zu wissen, was alles heutzutage in der therapeutischen Medizin möglich ist, andererseits ist die Hoffnung, im Notfall bei Niels Birbaumer in Tübingen zu landen, sehr gering. Und wie er selbst zugibt, braucht es bei seinen Therapien besonders geschulte Therapeuten, einfühlsame Pfleger mit großer Umsicht und für die Patienten die Gewissheit, dass, wenn es zum Äußersten kommt, einem der Erstickungs- oder der Hungertod, den man sich durch eine leichtfertig unterschriebene Patientenverordnung eingehandelt hat, durch Benzodiazepine und dosiertes Morphium erspart bleiben.

Unser heutiges Leben ist umzingelt von Informationen, die pausenlos zu konsumieren wir gelernt haben, obwohl wir manchmal schon das Gefühl haben, dass all diese Informationen uns auffressen, wie Frank Schirrmacher es kurz vor seinem Tod angesprochen hat. Und wenn schon nicht uns, dann zumindest unseren freien Willen, wie wir ihn zu sehen gewohnt sind.

Wir wissen trotz allem nicht, wie wir uns fühlen werden, wenn wir tatsächlich schwer krank und Beatmungs- oder anderen Geräten ausgeliefert sind und keine Möglichkeit mehr haben, irgendetwas zu bestimmen, ob freien Willens oder nicht.

Selbst Birbaumer weicht bei diesem Thema auf Philosophie und Religion aus, indem er vermutet, dass z. B. Locked-in-Patienten sich auf ihre Weise im Zustand jener Willenlosigkeit befinden könnten, die Schopenhauer und der Buddhismus als Erlösung von den Drangsalen dieser Welt gesehen haben. Man solle daher vorsichtig dabei sein, als noch wollende Wesen über Glück und Unglück von Menschen zu urteilen, die keinen Willen mehr haben. Was aber tun?

Es sieht so aus, als dass uns, je mehr wir uns zu informieren versuchen, vor allem unsere Wissenslücken bewusst werden. Die religiösen Gewissheiten früherer Zeiten spielen kaum mehr eine Rolle, an was also soll man sich halten? An die Antwort eines der einflussreichsten Intellektuellen Flanderns, eines Phliosophen, der auch noch einer der ersten Befürworter der Euthanasie-Therapie war, der Rachel Aviv gegenüber den Tod als Nichts bezeichnete, vor dem man sich nicht zu fürchten brauche. Man wäre eben wieder in dem Zustand, in dem man war, bevor man geboren wurde?

Oder an Niels Birbaumer, der sich gar nicht erst mit dem Tod (als völlig unbekanntem Zustand) auseinandersetzt, sondern versucht, dem Leben auch noch in der (von uns Wollenden aus gesehen) hilflosesten Lage etwas abzugewinnen, wenn man es, nämlich das Leben, nur dazu bringen kann, an sich selbst zu arbeiten.

Ich gestehe, dass der begleitete Suizid, wie er in Belgien gehandhabt wird, einerseits etwas Verführerisches an sich hat: Seine Angelegenheiten in Ordnung bringen und gehen, wenn man vom Leben nichts mehr erwartet, und das, ohne jemandem zur Last zu fallen. Wie schon gesagt: Ordentlich, sauber, aber grauenhaft.

Und andererseits? Sozusagen aus dem Bauch heraus bin ich auf Birbaumers Seite, habe ich doch schon Schwierigkeiten damit, *Dinge* wegzuwerfen, die noch funktionieren. Meist gebe ich sie weiter an jemanden, der sie noch brauchen kann. Mit dem Leben geht das nicht so gut.

Also abwarten und Tee trinken? So ungefähr ... und das Hirn beschäftigen, damit es nicht auf blöde Gedanken kommt.

Univ.-Prof. Dr. Karl Harnoncourt war Vorstand der II. Medizinischen Abteilung des LKH Graz und Obmann des Hospizvereins Steiermark.

Karl Harnoncourt

Nicht nur eine Feuerwehr in Notfällen

Es spannt sich der Bogen der Auseinandersetzung mit dem Tod von der kulturellen und philosophischen Betrachtung bis hin zu den Problemen des Handelns, wenn der Tod sich ankündigt. Ist der Tod dann ein Feind, den es zu bekämpfen gilt, oder geht es darum, einen Weg zu finden, wie der Tod akzeptiert werden kann. Dieser einleuchtende Ansatz erweist sich in der Praxis allerdings oft als nicht ausreichend realitätsbezogen. Am Anfang der Auseinandersetzung mit Betroffenen und ihren Angehörigen steht nämlich häufig nicht die Entscheidung zwischen Ablehnung und Akzeptanz, sondern die Verdrängung des bevorstehenden Todes. Diese Verdrängung hat sich im aktuellen Zeitgeist fest verankert und findet in der häufigen Reaktion auf die Nachricht von unvorhergesehenen Todesfällen ihren Ausdruck. Es wird dann gern von einem schönen Tod gesprochen, den man sich selbst wünsche. Frühere Generationen haben das aus den verschiedensten Gründen wohl anders gesehen, wenn sie etwa beteten: „Vor jähem und unvorhergesehenem Tod – verschone uns, o Herr".

Im Folgenden soll die gegenwärtige Situation an einigen Beispielen verdeutlicht und über eventuelle Ursachen reflektiert werden. Von dieser Basis ausgehend werden dann Ansätze für mögliche Strategien abgeleitet, wie Menschen, die mit dem Tod konfrontiert sind, am wirkungsvollsten geholfen werden kann. Es sind dies Überlegungen, die mit zur Entwicklung der heute bereits weltweit aktiven Hospizbewegung und der Palliativmedizin geführt haben. Zunächst aber fünf selbst erfahrene Beispiele zum Verständnis des Status quo.

Eine tradierte Sterbekultur habe ich 1959 als Turnusarzt in Hartberg in der Steiermark erlebt, als bei einem Bauern eine unheilbare Krankheit festgestellt worden war. Es handelte sich um meine erste Diagnose dieser Art. Da der Oberarzt nicht anwesend war, hatte ich die Aufgabe, die Angehörigen und den

Patienten zu informieren. Die Angehörigen antworteten: „Wir haben das be-fürchtet und damit gerechnet. Wenn es so ist, dann können wir ihn also gleich mitnehmen." Nach den nötigen medizinischen Informationen wollte ich mit ihnen und dem Patienten selbst das weitere Vorgehen besprechen. Es stellte sich heraus, dass er sich ebenso wie seine Familie längst darauf eingestellt hatte und dass man vom Spital nur die Bestätigung dieser Vermutung einholen wollte. Die Betreuung zu Hause könne wie immer in solchen Fällen erfolgen. Ich habe dann eine beeindruckende Sterbekultur in dieser Familie erlebt, die mir selbst wert-volle Anregungen mitgegeben hat. Eine solche soziale Kompetenz, von der es heißt, dass sie bei früheren Generationen allenthalben erwartet werden konnte, ist mir in den Jahren seither nur noch selten begegnet.

Das Leben wird aber nicht immer durch eine tödliche Krankheit beendet, sondern es gibt auch so etwas wie ein autonomes Sterben. Ein über 100-jähriger Mann, der sein Leben sehr bewusst und erfolgreich gelebt hatte und letztlich noch ein ihm wichtiges Ereignis beenden konnte, hat sich unmittelbar danach, ohne sichtbaren Anlass, ins Bett gelegt und den Kontakt zu seiner Umgebung abgebrochen. Nicht in selbstmörderischer Absicht, sondern er hat sich einfach zurückgezogen. Der herbeigerufene Arzt konnte keine akute Krankheit feststel-len. Es war schwer, ihn zu betreuen, da er weder essen noch trinken wollte und jegliche Behandlung ablehnte. Etwa in dem Sinne: „Was soll ich noch, wo ich doch bald sterben werde." Am dritten Tag stellte sich heraus, dass es noch eine familiäre Angelegenheit zu lösen gab. Als er das erkannte, stand er auf, konnte sich bewegen, gehen und diese Angelegenheit in aller Ruhe zu Ende führen. Dann hat er sich wieder hingelegt und ist gestorben. Als zugezogener Totenbe-schauarzt habe ich als Todesursache „Herzstillstand" angegeben. Eigentlich hät-te ich auch schreiben können: „Nach einem gelebten Leben gesund gestorben".

Eine tödliche Krankheit, die uns abberuft, ist noch nicht das Zeichen dafür, dass das Leben gelebt ist und sein Ende gefunden hat. Eine 47-jährige Lehrerin ist, begleitet von ihrer Schwester, mit Brustkrebs auf die Palliativstation gekom-men. Kurz vorher war ihr gesagt worden, dass ihr Brustkrebs, der bereits Wir-belmetastasen entwickelt hatte, unheilbar sei. Beide waren wie vom Blitz getrof-fen und nicht fähig, mit dieser Situation zurechtzukommen. Nach den modernen

Möglichkeiten der Palliativmedizin wurde die Patientin schmerzfrei gemacht und auf die pflegerische Betreuung ihrer Querschnittsläsion eingestellt. Gleichzeitig hat aber durch die Hospizbegleitung bei ihr und bei ihrer Schwester ein spiritueller Umdenkprozess stattgefunden. Sie fand einen neuen Sinn für ihr nunmehr absehbar begrenztes Leben und nahm dessen Gestaltung aktiv in die Hand. Wir haben diesen Vorgang des Akzeptierens mit ihr gemeinsam erleben können.

Sie ist, betreut von ihrer Schwester, nach Hause gegangen, um ihr neues Leben zu leben. Bei der Verabschiedung sagte sie: „Wie ich hereingekommen bin, hätte ich es nicht für möglich gehalten, dass ich gesund hinauskomme." Diese Frau hat unbewusst die eigentliche Definition der Gesundheit verstanden, die nämlich nicht heißt, Freiheit von Krankheit, sondern körperliches, seelisches und soziales Wohlbefinden. Und es ist gelungen, diese Frau trotz dieser schweren Krankheit in ein körperliches, seelisches und soziales Wohlbefinden zu bringen. Sie ist nach Hause gegangen und hat durch ihr Vorbild noch anderen Kranken Lebensmut geben können.

Unserer Abteilung wurde einmal ein Patient mit der Verdachtsdiagnose Krebs zugewiesen. Das Problem bestünde aber nicht in der Diagnose, sondern darin, dass er, seine Gattin und seine beiden erwachsenen Kinder dringend forderten, dass eine eventuelle ernsthafte Diagnose jeweils nur ihnen allein, aber niemandem anderen von der Familie gesagt werden dürfe. Der Patient befand sich in einem noch guten Allgemeinzustand, hatte aber eine sehr schlechte Prognose, falls die erforderlichen Maßnahmen, die vor den Familienangehörigen nicht zu verheimlichen waren, nicht rasch ergriffen würden. Die Barriere musste also rasch durchbrochen werden. Nach der eingehenden Untersuchung sagte ich ihm, dass ich ihm nach Studium der Befunde das Ergebnis ehrlich mitteilen würde, er möge um fünf Uhr in mein Zimmer kommen.

Der Gattin und den Kindern, die ebenfalls um persönliche Gespräche gebeten hatten, sagte ich dasselbe. Alle waren erschrocken, als sie sich gemeinsam bei mir trafen. Auf meine Vermutung, dass sie wohl bereits angenommen haben dürften, dass es sich tatsächlich um eine Krebserkrankung handeln würde, nickten sie mit gesenktem Blick. Als ich ihnen dann erklärte, dass es von ihrer gemeinsamen Gestaltung abhinge, wie wertvoll sich das weitere Leben des

Vaters gestalten würde, hoben sich ihre Blicke allmählich, und schließlich sahen sie sich an. Ich konnte sie allein lassen. Nach einer Stunde war ein sichtbarer Wandel eingetreten. Der Patient konnte in die ambulante Behandlung entlassen werden.

Die Furcht vor der Verantwortung

Ein geachteter Wissenschaftler, ein bis ins hohe Lebensalter gesund gebliebener Mensch, sprach mich eines Tages an. Er werde in letzter Zeit immer schwächer und meine, dass in absehbarer Zeit mit seinem natürlichen Ableben zu rechnen sei. Er fürchte das nicht, sei aber besorgt, dass mit ihm in der letzten Phase manches unternommen werde, was er unter keinen Umständen wolle. Es sei sein Wunsch, das Leben natürlich und möglichst zu Hause zu beenden. Ich habe ihm zugesagt, mich darum zu kümmern. Aber auch in diesem Fall musste ich lernen, dass hier starke Barrieren zu überwinden sind. Es zeigte sich bald, dass es seiner Familie, ungeachtet der ärztlichen Versicherung, dass medizinische Maßnahmen das Schicksal nicht aufhalten, sondern höchstens den Tod verzögern könnten, völlig unmöglich war, ihn in der gewünschten Form zu begleiten. Es war nicht die Mühe der Pflege, sondern die von den Angehörigen als unerträglich empfundene Last der Verantwortung für die allerletzte Zeit, die schließlich zur Einweisung ins Spital veranlasste. Er war dankbar, dass dort in Erfüllung seines ausdrücklichen Wunsches auf lebensverlängernde Maßnahmen verzichtet wurde und er dort seine Augen im Kreise seiner Lieben für immer schließen konnte.

Jeder könnte weitere Beispiele hinzufügen und sollte das in Gedanken auch tun, denn der persönliche Bezug fördert das Verständnis für die Botschaft, die mit diesen Beispielen vermittelt werden soll. Wir dürfen zur Kenntnis nehmen, dass Menschen durchaus in der Lage sind, die Endlichkeit des eigenen Lebens zu akzeptieren und mögliche Schicksalsschläge in ihrer Lebensplanung zu berücksichtigen.

Es sollte aber auch deutlich werden, dass wir als große soziale Gemeinschaft gefordert sind, uns gegenseitig bei der Gestaltung eines würdevollen Lebensendes beizustehen und dass das auch die Bereitschaft einschließt, Verantwortung mit zu tragen. Letztlich zeigt sich auch, dass ein Fundus von Erfahrungen mit gelebter sozialer Kompetenz offensichtlich verloren gegangen ist.

Wenn wir uns um eine Verbesserung der Lage unserer Mitmenschen in der letzten Lebensphase bemühen wollen, dann müssen wir zunächst Überlegungen darüber anstellen, wie der aktuelle Zeitgeist mit seinen Verdrängungen und Vorurteilen entstanden ist. Ein Ansatz dazu mag sein, dass unsere naturwissenschaftliche Medizin eine so unglaublich rasche Entwicklung genommen hat, dass sie den Menschen die Verantwortung für ihre Gesundheit, die sie ursprünglich selbst zu tragen hatten, gleichsam aus der Hand nahm.

Das Kind war mit dem Bade ausgegossen. Es wird von der modernen ärztlichen Versorgung gemeinhin angenommen, dass sie uns im Krankheitsfall auf Kassenkosten wieder gesund machen könne. Und weil wir nichts davon verstehen, könnten wir selbst nichts dazu beitragen. So gesehen fühlen wir uns frei, um in den Tag hinein zu leben. Diese Abkoppelung von der Eigenverantwortung ist nicht nur ein Hemmschuh für die Gesundheitsvorsorge, sondern sie fördert zwangsläufig auch die Verdrängung von Überlegungen über das Schicksal, das uns im Krankheitsfall und am Lebensende erwartet.

Ein weiterer Ansatz könnte in der Zersplitterung der Familien liegen. Im Zusammenleben mehrerer Generationen erlebte jedes Kind von klein auf, wie mit der Betreuung von Kranken und Behinderten, aber auch mit dem Sterben von Angehörigen umgegangen wird. Menschen, die das erlebt haben, können den Tod in der eigenen Lebensplanung nicht mehr ausklammern und somit auch nicht so leicht verdrängen. Dieses soziale Lernen ist offensichtlich verloren gegangen. Und so wird dieser Bereich, in dem Erfahrungen und Kompetenz fehlen, von vielen modernen Menschen einfach verdrängt und ausgeklammert.

Solche Veränderungen mögen dazu beigetragen haben, dass das Sterben seine natürliche Verankerung in der Lebensplanung der Menschen weitgehend verloren hat. Viele Menschen haben darunter zu leiden, weil die Voraussetzungen für eine würdevolle Gestaltung ihres persönlichen Lebensabschlusses nicht gegeben sind.

Die Hospizbewegung und die Entwicklung der Palliativmedizin stehen im Mittelpunkt der Initiativen, die sich um neue Wege für eine würdevolle Kultur des letzten Lebensabschnittes in unserer modernen Gesellschaft bemühen. Zum Abschluss sei darauf aufbauend auf jene aktuellen Entwicklungen hingewiesen, von welchen wir uns in der nächsten Zeit weitere Fortschritte zur Förderung einer würdevollen Kultur im letzten Lebensabschnitt erwarten. Konkret sind es vier Schwerpunkte. Die weitere Entwicklung und Verankerung der Palliativmedizin in unserem Gesundheitssystem ist dem bio-psychosozialen Prinzip verpflichtet. Wo Heilung nicht mehr möglich ist, hat die Lebensqualität den Vorrang. Sie stellt die unverzichtbare Basis dar. Die Entwicklungsarbeit konzentriert sich in gleichem Maße auf die Aus- und Fortbildung wie auf den Ausbau und die Verbesserung der Infrastruktur im Rahmen der medizinischen Versorgung.

Eine unbezahlbare Begleitung

Das Ehrenamt in der Hospizbegleitung kann als stützende Struktur bezeichnet werden. Eine stützende Struktur kann nur von Menschen getragen werden, die sich selbst in einem Gleichgewicht befinden. In diesem Fall in einem Gleichgewicht bezüglich der persönlichen Einstellung zu Leben und Tod. Die Hospizbegleitung ist unbezahlbar, denn sie tut das, was in den Familien gemacht worden ist. Das ist eine Tätigkeit, in der die Stunden nicht gezählt werden. Die ehrenamtlichen HospizbegleiterInnen, die eine hochkarätige Ausbildung absolviert haben, tragen dazu bei, dass unsere Gesellschaft ihren Bürgern nicht nur Ordnung, sondern auch Geborgenheit bieten kann. Diese Initiative bedarf einer effektiven flächendeckenden Organisation und Infrastruktur. Es ist erfreulich, dass sich Sponsoren aus der Wirtschaft, aber auch aus dem privaten Bereich für dieses Sozialwerk einsetzen.

Die Hospizbewegung soll aber nicht nur „Feuerwehr" in Notfällen sein, sondern sie sollte auch die von ihr gesammelten Erfahrungen über Bildungseinrichtungen an die Allgemeinheit weitergeben. Die Thematik wird auch in eigenen Seminaren in der Erwachsenenbildung angeboten. Durch diese Substitution sollen verlorene Erfahrungen dem Tabu des Sterbens in unserer Gesellschaft entgegenwirken.

Seit Giovanni Battista Morgagni, der 1794 sein Buch „De sedibus et causis morborum" (Über den Sitz und die Ursachen der Krankheiten) herausgebracht hat, wurde die Medizin zu einer vorwiegend naturwissenschaftlichen Disziplin. Eine Medizin, die primär darauf fokussiert ist, Krankheiten zu erkennen und zu behandeln. Der Patient steht in den Lehrbüchern nicht im Mittelpunkt. Es wird dort die Pneumonie oder der Blinddarm abgehandelt, aber nicht näher darauf eingegangen, wie sich die Pneumonie oder die Blinddarmentzündung auf den Patienten auswirkt oder wie der Krankheitsverlauf durch seine Befindlichkeit beeinflusst wird. Aber auch der Zeitgeist hat sich auf diese Denkweise eingestellt. Fragt man nach der Definition der Gesundheit, dann lautet die Antwort in der Regel: „Freiheit von Krankheit". Auch hier wird der Patient nicht genannt. Es ist eine Herausforderung für die Zukunft, dass dem ärztlichen Handeln wieder der primär subjektive, patientenbezogene Charakter zugebilligt wird. Der naturwissenschaftliche Background ist als selbstverständliche Voraussetzung zu werten.

Eine Herausforderung ist aber auch, wie ärztliche Hilfe am Lebensende aussehen kann. Das Hinauslehnen als Arzt ist meines Erachtens immer dann vonnöten, wenn ein spezieller Fall nicht in das allgemeine Regelwerk passt. Das Risiko von Diskussionen oder gar Sanktionen ist immer dabei, und das sollten wir Ärzte auch aushalten. Denn würde die Gesellschaft so umfangreiche Regeln vorgeben, dass alles juridisch eindeutig und risikolos zu entscheiden wäre, dann würde sie ihre Menschlichkeit verlieren. Man denke an die weltweiten Bemühungen, Regeln dafür zu formulieren, wann werdendes Leben zu schützen sei und wann nicht oder unter welchen Bedingungen Leben als nicht mehr lebenswert anzusehen ist und getötet werden darf.

Die Weisheit des Hippokratischen Eides hat die damalige Gesellschaft von der Last solcher Entscheidungen befreit. Wohl im Wissen darum, dass es hier keinen objektiven Maßstab geben kann. Es gibt sicherlich weniger Fehlentscheidungen, wenn sich Ärzte in speziellen Fällen aus persönlicher Überzeugung hinauslehnen müssen, als wenn es nur noch um die Auslegung von allgemeingültigen Regeln geht.

Univ.-Prof. Dr. Philipp Harnoncourt war Vorstand des Instituts für Liturgiewissenschaften an der Universität Graz.

Philipp Harnoncourt

Auswege aus dem Labyrinth der Verdrängungen

Wie konnte es geschehen, dass das Todes-Schicksal, das auf jeden Menschen unentrinnbar zukommt, gerade heute aus dem Bewusstsein verdrängt erscheint, also paradoxerweise in einer Zeit, in der in den Massenmedien täglich vom tausendfachen Sterben irgendwo auf dem Erdkreis berichtet wird. Noch nie in der Weltgeschichte war der Mensch täglich so intensiv mit dem Massensterben konfrontiert. Aber das ist eben immer das Sterben der „anderen", nicht aber *mein* Sterben. Und überdies wird hier das immer ganz persönliche Sterben als Sensation dargeboten, nicht aber als je einmaliges existenzielles Schicksal.

Die gegenwärtige Lage zeigt sich mir in drei Phasen: Der Phase der großen Täuschung muss die Phase der Ent-Täuschung folgen, die schließlich zur Suche nach neuem und tieferem Lebens-Sinn führt. Die allgemeine *Säkularisierung* – als Ideologie des atheistischen Materialismus oder als tatsächliche soziokulturelle Gegebenheit – in Verbindung mit der fast explosionsartigen Entwicklung der *Naturwissenschaften* und der *Technik* hat in den Jahrzehnten nach dem Zweiten Weltkrieg Perspektiven der Zukunft eröffnet, die alle Aufmerksamkeit und alle Hoffnungen auf ein Leben in dieser konkreten, aber vergänglichen Welt fixiert haben.

Dem Menschen erscheint jetzt alles als *selbst machbar*. Er tritt seine absolute und schrankenlose Herrschaft über die Welt und – darüber hinausgreifend – sogar über „das All" an. Alle Rätsel scheinen lösbar zu sein, alle Hindernisse überwindbar, alle Grenzen aufhebbar und alle Pläne realisierbar, und das immer schneller und immer radikaler. Vor allem die Entwicklung der *Medizin* führte zu einer bis dahin unvorstellbaren Erhöhung der Lebens-Erwartung und zur Ausrottung fast aller Krankheiten und Seuchen, die bisher tödlich waren. *Biologie* und *Genetik* bringen bis heute rasant fortschreitende Erkenntnisse mit sich, als wäre es nur noch eine Frage der Zeit, das Leben, den genetischen Status und die Gesundheit jedes Menschen vollständig durchschauen, beherrschen und auch bestimmen zu können.

Beeindruckt von diesen Möglichkeiten setzen der Mensch und die aufgeklärte, säkularisierte Gesellschaft alles Hoffen auf das eigene Können und auf die selbstherrlich gestaltete Zukunft. Die Bedeutung von Transzendenz verblasst zusehends, und religiöser Glaube ist nur noch als kulturelle oder ästhetische Tradition und als Mittel der Erziehung für Kinder und Jugendliche gefragt, existenzbestimmende Kraft wird ihm kaum mehr zugestanden. Religiöser Glaube ist eigentlich überflüssig geworden. Noch nie in der ganzen Menschheitsgeschichte hat es ein solches Ausmaß an Religionslosigkeit gegeben.

In dieser Situation ist das Sterben ein unerträglicher Störfaktor und muss daher verdrängt werden, sei es durch die Zuweisung an die Medizin, die ihn überwinden soll, sei es durch Wegschieben aus dem Gesichtsfeld. Tödliche Krankheit und Sterben werden in spezielle Anstalten abgeschoben, und vor dem *eigenen* Sterben verschließt man einfach die Augen, es hat im neuen Lebens- und Weltkonzept keinen Platz.

Diese große Täuschung zeigt sich im Hinblick auf unser Thema in folgenden Haltungen: Der Mensch hat das Leben eigenmächtig in die Hand genommen. Die Medizin bzw. der Arzt hat das Leben zu erhalten oder schmerzfrei zu beenden. Das Sterben ist ein überwindbares Versagen der Medizin.

Auf jede Täuschung muss früher oder später die Ent-Täuschung folgen. Und je intensiver die Täuschung war, desto bitterer wird die nachfolgende Ent-Täuschung sein. Die großen Erwartungen und die grenzenlosen Hoffnungen haben sich nicht erfüllt, ja sie können sich gar nicht erfüllen, jedenfalls niemals für alle Menschen und erst recht nicht für alle Zeit. Vielfach haben die ständigen Fortschritte sogar zunehmende Ängste hervorgerufen: Die angemaßte Herrschaft über die Welt zeigt sich mehr und mehr als Gefahr der Zerstörung für das Leben, für die Natur und schließlich für den gesamten Kosmos.

Der Preis für ein scheinbares Glück ist zu hoch: Der Mensch hat sein Menschsein preisgegeben. Er hat sich selbst zum Objekt degradiert. Vor allem das Verdrängen von tödlicher Krankheit und Sterben hat sich als zutiefst sinnlos und als unmenschlich erwiesen: für die Schwerstkranken und Sterbenden, die erbarmungslos alleingelassen werden. Für die Ärzte, denen unerfüllbare Forderungen entgegengebracht werden und nicht zutreffende Verantwortung auferlegt wird. Für den christlichen Glauben und das christliche Leben, die als Annahme und Weitergabe von Erlösung voraussetzen, dass Leid, Schuld und Tod der Menschen ernst genommen werden.

Um der großen Enttäuschung zu entkommen, versuchen viele, eine neue Einstellung zu gewinnen. Wenden wir unsere Aufmerksamkeit zunächst dem Wieder-Entdecken eines *humanen* Verhaltens gegenüber den Schwerstkranken und Sterbenden zu und weiters der christlichen Deutung von Sterben und Tod.

Das „Objekt" Patient, der Krankheits-Fall, wird wieder als autonomes „Subjekt" wahrgenommen, als Mensch mit unverlierbarer Menschenwürde, der vor allem menschliche Zuwendung braucht und erwartet. Man spricht vom „Recht auf ein humanes und natürliches Sterben", die Vorstellungen davon, was das ist, sind allerdings sehr verschieden. Einig ist man sich darin, dass es unmenschlich ist, einen Sterbenden ganz allein zu lassen, Schmerzen nicht zu lindern oder ihn auf Gedeih und Verderb der medizinischen Technik auszuliefern. Folgende Grundforderungen werden erhoben und auch wieder zunehmend erfüllt: Dem Sterbenden muss beigestanden werden, damit er in seiner Todesnot Geborgenheit erfahren kann, seine Schmerzen sind zu bekämpfen, seine Person-Würde muss respektiert werden, denn er ist keine Sache, über die andere verfügen dürfen.

Uneinigkeit herrscht hingegen nach wie vor im Hinblick auf die sogenannte *Wahrheit am Krankenbett:* Ist diese das Recht des Patienten, die „ganze bittere Wahrheit" zu erfahren, oder die Verpflichtung der Betreuenden, dem Kranken diese mitzuteilen? Uneinigkeit herrscht auch im Hinblick auf Fragen der *Euthanasie*: So unbestritten es ist, dass der Staat kein Recht hat, scheinbar wertloses Leben zu beseitigen, so umstritten scheint es heute zu sein, ob der Kranke ein Recht darauf hat, aktive Sterbehilfe zu fordern und zu bekommen, wie das in einigen Staaten legitimiert ist und in anderen Staaten diskutiert wird.

Zahlreich sind die angebotenen Ratschläge und Hilfen, um *Sterbe-Beistand* zu lernen. Und doch werden auch gerade hier immer wieder Grenzen wahrgenommen, die unüberwindlich zu sein scheinen. Oft bleibt die Hilfe auf den humanen Bereich beschränkt: Not lindern, Schmerzen erleichtern, Nähe schenken, Hilfen anbieten und ablenken!? Nicht selten werden Lügengebäude aufgerichtet, um den Sterbenden – und zugleich auch den Beistehenden – das unabwendbare

Schicksal zu verbergen. Hektische Geschäftigkeit wird eingesetzt, wo nichts anderes als Ruhe geboten wäre.

Hier macht sich ein gravierendes Defizit bemerkbar. Die Verdrängung des Sterbens wird zwar nach und nach überwunden, und dem Sterben der *anderen* wird wieder Aufmerksamkeit geschenkt, aber die Einstellung zum *eigenen* Sterben – das heißt immer zu *meinem* Sterben – bleibt noch unverändert die eines Blinden.

Die Notwendigkeit, dass ich mich mit *meinem* Sterben vertraut machen muss, und die bewusste Vorbereitung auf *meinen* Tod werden noch nicht hinreichend erkannt und ernst genommen. Hier dauert die Verdrängung noch an. Verlorenes aus der spirituellen Tradition muss wiedergewonnen werden. Und bis das nicht geschehen ist, wird auch der Beistand, der Sterbenden geboten wird, in letzter Tiefe nicht möglich sein.

Ich beschäftige mich darum mit *meiner eigenen Sterblichkeit,* das heißt konkret: mit dem mir selbst bevorstehenden Sterben. Und das muss nicht in erster Linie deshalb geschehen, damit ich anderen besser beistehen kann, sondern um das verhängnisvolle Defizit meiner christlichen Frömmigkeit auszugleichen und auf diese Weise zur Beantwortung der bedrängenden Fragen nach dem *Sinn des Lebens* und nach dem *Sinn des Glaubens* beizutragen.

Gezeugt-werden und Geboren-werden als Beginn meines Lebens wie auch Sterben-müssen als Ende meines irdischen Lebens weisen mich unerbittlich auf das Begrenzt-sein und auf das Bedingt-sein meines Lebens hin: Ich *habe* mein Leben nicht, das heißt: ich verfüge nicht frei über mein Leben wie über mein Eigentum, sondern es ist mir *gegeben* und es wird mir *genommen,* ob ich das nun will oder nicht. Diese Tatsache gehört wesentlich zu dem, was in der Anthropologie als *conditio humana* bezeichnet wird. Ich kann ihr bewusst zustimmen, ich kann mich aber auch dagegen auflehnen, oder ich kann versuchen, sie zu ignorieren. Dieser letztere Versuch scheint gegenwärtig in der säkularisierten abendländischen (Un-)Kultur immer noch die Regel zu sein, obwohl jahrhundertealte christliche Tradition gelehrt hat, sich selbst als Geschöpf eines Schöpfers zu verstehen und zu bejahen.

Der Mensch – also auch ich! – muss wieder lernen, sein eigenes *Gegeben-sein* bedenkend und bedankend anzunehmen und schlussendlich das *Genommen-wer-*

den als bewusste Selbst-Hingabe zu vollbringen. Dank und Selbst-Hingabe waren und sind bleibende Konstituenten christlicher Existenz, und sie sind in die sogenannten göttlichen Tugenden *Glauben, Hoffen* und *Lieben* integriert.

Bevor ich auf verschiedene Weisen der Vorbereitung auf ein gutes Sterben aufmerksam machen kann, muss ich Möglichkeiten darlegen, mein *Sterben* und *meinen Tod* bewusst anzunehmen und positiv zu interpretieren. Das ist die Voraussetzung für jede Form einer Einübung, denn nur positive Interpretationen des Sterbens und des Todes können aus Verzweiflung und Angst befreien und Auswege aus dem Labyrinth der Verdrängungen zeigen.

Für religiöse Agnostiker und Atheisten mag die aus der Evolutions-Biologie abgeleitete Interpretation ausreichen, dass jedes Sterben und daher auch *mein* Sterben eine notwendige Voraussetzung für die weitere Evolution des Lebens ist. Ich muss sterben, damit neues und immer besseres Leben sich entfalten kann. Damit das gelingen kann, muss ich aber von meinem Wunschtraum Abschied nehmen, dass mein persönliches, individuelles Leben einen bleibenden Eigenwert in sich selbst besitzt.

Für Christen war und ist eine andere Interpretation möglich und geboten: Es gibt einen unauflösbaren Zusammenhang zwischen dem *Sterben des Menschen* – auch *meinem Sterben!* – und dem *Sterben Jesu Christi*. Das gilt in einem dreifachen Sinn: Das Sterben Jesu ist *Annahme* meines Sterbens, es ist daher auch *Vorbild* für mein Sterben, und das heißt schließlich: mein Sterben ist in seinem Sterben schon ein für alle Mal vollbracht.

Als Christen dürfen wir den Tod Christi mitsterben. Wir sterben in seinen Tod hinein.

Das Sterben Christi ist zugleich ein ganz und gar menschliches Sterben und doch auch etwas radikal Anderes: Es ist die endgültige Entmachtung des Todes in der Vollmacht Gottes. Das ist das Grundgeheimnis unseres Erlösungsglaubens – *mysterium fidei* und *mysterium salutis* – Geheimnis des Glaubens und Geheimnis der Erlösung!

Der Apostel Paulus beschreibt das in seinem ersten Brief an die Gemeinde von Korinth so:

Christus ist von den Toten auferweckt worden als der Erste der Entschlafenen. Da durch einen Menschen der Tod gekommen ist, kommt durch einen Menschen auch die Auferstehung von den Toten. Denn wie in Adam alle sterben, so werden in Christus alle lebendig gemacht. (1Kor 15, 20-22)

Und in seinem Brief an die Römer ist dieses Erlösungsgeheimnis als Grunddatum der Erlösung formuliert:

Sind wir mit Christus gestorben, so glauben wir, dass wir auch mit ihm leben werden! (Röm 6,8)

Wie es die Auferstehung Christi nicht gibt ohne seinen Tod, so muss auch der Auferstehung des Christen – auch *meiner* Auferstehung! – das Mit-Sterben mit Christus vorausgehen. Darüber ist Folgendes zu sagen: Sterben ist nicht mehr ein endgültiges Im-Stich-gelassen-sein (Allein-sein), sondern das Finden der Geborgenheit im sterbenden und auferstehenden Jesus: Ich darf mit ihm seinen Tod sterben! Ich darf mit ihm klagen: *Mein Gott, mein Gott, warum hast du mich verlassen?* (Mk 15,34; Ps 51,2), und ich darf mit ihm bekennen: *Es ist vollbracht!* (Joh 19,30), *Vater, in deine Hände lege ich meinen Geist!* (Lk 23,46). Und ich darf mit ihm auferstehen!

Sterben ist nicht mehr die unwiderrufliche Zerstörung meines Lebens, sondern eigenes Vollbringen: *actio in passione* (Tun im Erleiden): Wenn Gott mich ruft, um mein Leben zu vollenden, kann ich zustimmen und mein Leben ihm übergeben, um es vollendet neu zu empfangen; auch das bruchstückhafte, ja sogar das schuldhaft verpatzte Leben kann ich getrost ihm überlassen, der jeden retten will, der sich retten lässt.

Dieser christlichen Erkenntnis von Sterben und Tod stellen sich allerdings heute mehr Hindernisse in den Weg als in vergangenen Jahrhunderten, weil nicht nur das Leben des Menschen, sondern auch sein Sterben vorwiegend aus naturwissenschaftlicher Perspektive betrachtet und als biologische Gegebenheiten gesehen werden. Wie soll das Sterben im Glauben vollbracht werden, wenn es zugleich als vorläufiges und noch zu überwindendes Versagen der Medizin oder gar als selbstverantwortete Entscheidung des Arztes erlebt wird? Diese veränderte Situation macht es nur noch wichtiger, die ganze Tiefe des Geschehens und seine spirituelle Dimension nicht aus den Augen zu verlieren oder sie wieder neu zu gewinnen.

Wir müssen uns darüber im Klaren sein, dass auch bei bewusster Akzeptanz der eigenen Sterblichkeit und bei der besten Vorbereitung auf das eigene Sterben dieses eigene Sterben immer ein ganz und gar singuläres und überraschendes Ereignis ist und bleiben wird, das nicht eingeübt werden kann. Sterben kann nicht geübt werden. Jedes Sterben ist und bleibt ein abgrundtiefes dunkles Geheimnis. Hier versagt jede Routine.

Für viele Menschen wird der Tod von nahen Angehörigen eine Katastrophe sein, und das eigene Sterben wird mit schrecklichen Ängsten verbunden bleiben, denn wir sind nun einmal nicht für den Tod, sondern für das Leben geschaffen. Auch für den Gottes-Sohn und Menschen-Sohn Jesus Christus war das Sterben schrecklich, wahrscheinlich sogar ganz besonders schrecklich.

Ein „guter Tod" wird nicht als sicheres Ergebnis einer sorgfältigen Vorbereitung gelingen, so wichtig diese auch ist. Ein „guter Tod" kann nur als kostbares Gnaden-Geschenk Gottes angenommen und vollbracht werden.

Um diese Gnade müssen wir und dürfen wir auch beten!

Der vielfach ausgezeichnete Schriftsteller Gerhard Roth, dem zuletzt der Jean-Paul-Preis verliehen wurde, lebt in Wien und in St. Martin in der Südsteiermark.

Die Munition gegen schwarze Tage

Gerhard Roth im Gespräch mit Carina Kerschbaumer

Sie haben hier in der Südsteiermark ein kleines Paradies.
> GERHARD ROTH: Ja, es ist ein schönes Leben, das ich hier führen darf. Auch in Wien, Am Heumarkt bin ich gerne.

Der Blick vor Ihrem Haus auf die Rebstöcke, die friedlich im Sonnenlicht auf die Ernte warten, lässt vieles jenseits dieser Grenzen vergessen.
> ROTH: Ich finde an diesem Platz die Ruhe, die ich für meine Arbeit brauche. Man begreift das Leben in einem Land, in einer Gegend aber erst, wenn man weiß, wie die Menschen, die längst tot sind, in ihrer Zeit gelebt haben.

Ihre erste Begegnung mit dem Tod war bereits als Kind?
> ROTH: Als zweieinhalbjähriger Bub bin ich mit meiner Mutter und meinen beiden Brüdern im Jänner 1945 mit der Eisenbahn, einem Sanitätszug, von Graz nach Würzburg gefahren. Mein Vater hat dort ein Lazarett geleitet. Vor Selzthal gab es unerwartet einen Tieffliegerangriff. Der Zug musste anhalten, und wir sind aus dem Waggon gesprungen und über ein Stoppelfeld gelaufen. Der Kampfflieger hat dann auf die Flüchtenden geschossen und einen Mann vor mir getroffen. Er ist zu Boden gestürzt, das Blut spritzte aus seinem Mund. Was mich damals vor allem geschockt hat, war das Blut, weniger der Tod, den ich noch nicht begriff.

Und später?
> ROTH: Später habe ich abends immer zugehört, wenn meine Mutter, eine Krankenschwester, und mein Vater, der Arzt war, über Befunde und Krankheiten gesprochen haben. Das war zu Hause ein Dauerthema. Mein Vater hat mich auch durch das

Mikroskop schauen lassen, er hat mir erklärt, was Bakterien sind und woran Menschen sterben. Wenn er in der Nacht zu Patienten gerufen wurde, bin ich oft wach geblieben, weil ich neugierig war und wissen wollte, was passiert ist. Sobald er dann nach Hause gekommen ist und meiner Mutter erzählt hat, dass jemand gestorben sei, habe ich mir gedacht: Was für ein wichtiger Mensch doch mein Vater ist, wenn er über Leben und Tod Bescheid weiß.

Sie haben einmal erzählt, dass der Tod Ihrer Großmutter Ihnen die Angst vor dem Tod genommen hat.

ROTH: Sie war im Altersheim, das gerade ausgemalt wurde, aufgebahrt und ist friedlich in einem großen Raum, in dem eine Menge Stühle an einer Wand aufgestapelt waren, auf ihrem Bett gelegen. Sie hat ein schwarzes Kleid mit weißem Spitzenkragen getragen, das ich nie zuvor gesehen habe und das sie offensichtlich für ihren Tod aufgehoben hat. In den Händen hielt sie ein Sträußchen Zyklamen. So friedlich wie damals hat sie in ihrem ganzen Leben nicht ausgeschaut.

Glauben Sie, dass es ein glückliches Sterben geben kann?

ROTH: Nein, das glaube ich nicht. Es muss ja immer Abschied genommen werden. Aber Sterben und Tod sind zwei verschiedene Kapitel. Der Tod ist für mich die Rückkehr in das Dunkle und Empfindungslose vor der Geburt. Beim Sterben selbst gibt es die verschiedensten Aspekte. Man weiß ja nicht, wie es einen treffen wird. Wenn jemand langsam stirbt wie meine Mutter, die einen Schlaganfall erlitten und die Sprache verloren hatte, ist es eine Katastrophe. Sie hat die ganze Zeit – acht Monate bis zu ihrem Tod – geweint. Ich bin abwechselnd mit meinen Brüdern zu ihr in die Sigmund-Freud-Klinik gegangen und jedes Mal benommen wie nach einem Hammerschlag auf den Kopf nach Hause gegangen. Damals habe ich mir gedacht, dass ich nicht auf diese Weise sterben möchte. Manche haben eine Vorstellung vom Sterben, die weit davon entfernt ist von dem, was wirklich passiert.

Sie sind selbst mit 19 Jahren fast gestorben.
Woran erinnern Sie sich?

ROTH: Dreimal bin ich – wie ein Sprichwort sagt – „dem Toten-
gräber von der Schaufel gesprungen" – zuletzt vor drei Jahren
nach einer Lungenembolie. Das erste Mal schon als Kind – ich
hatte eine Fotolinse verschluckt, die mein Vater, bevor ich ohnmächtig wurde, aus meinem Kehlkopf entfernt hat, nachdem er
mich zuerst an den Beinen gepackt und mit dem Kopf nach unten
aufgehoben hat. Das zweite Mal hatte ich als Medizinstudent
einen Herzstillstand. Ich bereitete mich gerade auf die Anatomie-
prüfung vor und habe stark geraucht und an die zwanzig Espres-
si getrunken. Auf einmal habe ich beim Sprechen mit einem
Studienkollegen vor unserem Wohnhaus im Kopf meine eigene
Stimme als Echo gehört und der Fußboden im Gang, in den ich
geflüchtet war, weil mir schwindlig wurde, hatte ein Schach-
brettmuster und kam wie eine Zugbrücke auf mich zu. Bevor ich
ohnmächtig wurde, dachte ich: „Sterben ist leicht". Wenn mein
Vater nicht unmittelbar darauf von einer Visite zurückgekommen
wäre, hätte ich es wohl nicht überlebt.

Ihre Mutter war Krankenschwester, hat auch sie Ihnen geholfen?

ROTH: Sie war eine schöne, intelligente und selbstlose Frau. Ich
habe durch sie begriffen, was das Paradies ist.

Was ist das Paradies?

ROTH: Das sogenannte Selbstverständlichste: Wenn wir die geliebten Menschen um uns haben, wenn wir gesund sind und
wenn wir sehen, sprechen, hören, essen und trinken können.

Alles, was wir als ganz normal betrachten und damit
nicht mehr wahrnehmen?

ROTH: Erst wenn ich das angeblich Allerselbstverständlichste
verliere, beginne ich zu verstehen, wie großartig die Zeit war, in
der ich das noch hatte. Dazu gehört auch die Auseinandersetzung

mit dem Tod geliebter Menschen, die niemandem erspart bleibt. Das Schlimmste ist wohl, wenn ein eigenes Kind aus dem Leben gerissen wird, ein Enkelkind oder die Partnerin. Da wünsche ich mir insgeheim, vorher selbst zu sterben. Bei den Eltern hat man ja den Gedanken an den Generationenwechsel, der zum Leben gehört.

Der Generationenwechsel gehört zum Leben, aber der Tod wird doch lieber ausgebürgert.

ROTH: Wir leben in einer Zeit, in der alle, die nicht dem Arbeitsprozess dienen, aus dem Leben herausgefiltert werden, die Geisteskranken werden in Anstalten gebracht, die Alten in Heime, die Kinder in die Ganztagsschule, die Flüchtlinge in Aufnahmezentren. Es gibt Menschen, die laufen vor dem Tod davon, aber vielleicht ruft erst das Wissen um den Tod das Glück hervor. Man weiß, dass man sterblich ist, und denkt am Abend: Das war ein schöner Tag. Und man merkt sich bestimmte gute Tage. Das ist – wenn man sich daran erinnert – Munition gegen die schwarzen Tage, die man sich ein ganzes Leben merkt.

Welche Tage fallen Ihnen da ein?

ROTH: Für mich waren es die schrecklichsten Tage, Wochen und Monate, als ich mit 13, 14 Jahren im Gymnasium gemobbt wurde. Wir sind damals umgezogen, ich kam in eine neue Schule und wurde vom ersten Tag an wegen meines Steireranzuges, meiner Frisur und meiner Naivität verspottet. Das war eine Art Sterbenserfahrung über fast zwei Jahre hindurch. Ich war verzweifelt und bin dann in der vierten Klasse durchgefallen.

Was lernten Sie damals?

ROTH: Dass man lügen muss, dass in jedem Menschen etwas Böses steckt und dass man bei Prüfungen und Schularbeiten auch mit Ungerechtigkeiten rechnen muss und dass Niederlagen unvermeidbar sind. In der Unterstufe hatte ich jedes Jahr eine

Nachprüfung. Erst ab der fünften Klasse habe ich mich langsam gefunden und von da an keine Nachprüfung mehr gehabt.

Als das Mobben aufhörte?

ROTH: Ja, es gab einen Mitschüler, einen sogenannten „Repeten-ten" oder „Sitzenbleiber", der anderen mit seinen Freunden in die Hoden gegriffen oder mit der Zirkelspitze in die Hand gestochen hat. Erst nach einem Jahr nahm ich mir vor, mich zur Wehr zu setzen. Ich ging mehrmals in einen Boxklub und lernte dort eini-ge Grundtechniken. Langsam habe ich gespürt, dass ich nicht ganz wehrlos bin. Irgendwann im Winter, vor dem Turnunter-richt, hat der betreffende Mitschüler, der „Repetent", auch mir in die Hoden gegriffen, alle haben vor Lachen geschrien, und auf dem Weg von der Landesturnhalle zurück in die Schule haben sie Schneebälle auf einen Baum, unter dem ich gerade gegangen bin, geworfen, und der Schnee aus der Krone ist auf mich gefallen. Unter dem Gelächter der anderen habe ich in meiner Verzweif-lung gerufen: Ich verachte euch. Die anderen haben spottend zu-rückgeschrien: Ich verachte euch, ich verachte euch. Als der Schüler mir dann in einer Pause noch mit dem Zirkel in den Fin-ger gestochen hat und auf die Bank stieg und sich auf mich ge-worfen hat, bin ich zur Seite gesprungen und habe auf ihn einge-schlagen. Er hatte einen Nasenbeinbruch, ein Stück seines Schneidezahnes fehlte ihm und sein Gesicht war geschwollen. Ich bekam „vier Stunden Karzer mit Androhung des Schulaus-schlusses".

Und dann war das Martyrium beendet?

ROTH: Bis zu diesem Augenblick war vieles bereits in mir tot ge-wesen, das erst später wieder auflebte. Es gibt bekanntlich nie-manden, der ohne seelische Verletzungen durch das Leben geht. Auch ein Schriftsteller muss solche Erfahrungen machen, um zu verstehen.

*Dann haben Sie jenes Paradies, das Ihnen Ihre Mutter vermittelt
hat, erst später als Paradies erkennen können?*

> ROTH: Ich habe in meinem Leben viel getrunken, habe das Leben ausgekostet und war trotzdem immer unglücklich. Erst ab dem 60. Geburtstag ist mir vieles leichter gefallen. Als ich 70 wurde, habe ich mir gedacht, alles, was noch kommt, ist ein Geschenk. Ich lebe heute sehr gern.

Und früher?

> ROTH: Früher hatte ich immer wieder Selbstmordgedanken und musste auch Antidepressiva nehmen. So wie ich heute lebe, das hätte ich mir gewünscht, als ich jünger war.

Die innere Ruhe?

> ROTH: Zu sehen, wie die Natur vergeht und wiederkommt, den Schneekristall, die Wolkenformationen. Mit Menschen, die ich liebe, zu sprechen, sie zu umarmen. Früher war ich einem Dauerdruck ausgesetzt, ich musste immer, um Geld zu verdienen, ein Filmdrehbuch schreiben, einen Zeitungsartikel zu Ende bringen oder eine Lesung machen. Ich bin mit der Arbeit nie fertig geworden. Manchmal habe ich es nicht mehr ausgehalten. 35 Jahre habe ich an zwei Zyklen mit insgesamt 14 Bänden geschrieben. Dann ist alles fertig und du bekommst einen Verriss und machst trotzdem weiter. Es ist aber immer auch etwas Positives in Zeitungen erschienen.

*Der Gedanke an die Möglichkeit, Selbstmord begehen zu
können, hat Sie beruhigt?*

> ROTH: Der Gedanke allein, dass ich verschwinden kann, war für mich befreiend. Im Nachhinein gesehen, hat mir das in Zeiten, als ich Geldprobleme und schlechte Kritiken hatte, geholfen: Es gibt einen Ausweg.

Heute ist der Druck nicht mehr vorhanden?

ROTH: Ich habe meine gesamten Manuskripte, auch alle zukünftigen, und Zigtausende Fotografien an das Land Steiermark verkauft, das Geld in eine monatliche Pension angelegt – ich war bis zu meinem sechzigsten Lebensjahr nur krankenversichert –, und damit war dieser Dauerdruck beendet. Heute freut es mich, wenn ich zum Beispiel die weißen Enten dort vor uns auf der Wiese beobachten kann.

Oder wenn Sie in Paris oder Zürich Gräber von Künstlern besuchen.

ROTH: Wenn ich in eine fremde Stadt komme, gehe ich gerne auf Friedhöfe. Ich habe das Grab von Strawinsky in Venedig besucht, von Marcel Proust in Paris, von Kafka in Prag, von Herman Melville – zusammen mit Wolfgang Bauer – in New York oder James Joyce in Zürich. Neben Joyce, dessen Grab ein Denkmal, das ihn darstellt, schmückt, liegt Elias Canetti begraben, den ich persönlich gekannt habe. Das Grab von Büchner befindet sich ebenfalls in Zürich, auf einem Gehsteig unter einer großen, uralten Linde, direkt neben der Autostraße. Der ehemalige Friedhof dort wurde lange schon aufgelassen. In der Nähe befinden sich Villen und der Alltag ist rund herum zu spüren. ...Das hat etwas Schönes... Die Toten verschwinden nicht aus unserem Leben, wir essen Speisen, die sie erfunden haben, wir bedienen uns ihrer technischen Errungenschaften, sie haben uns das Leben, die Sprache und den Namen gegeben. Wenn ich einen alten Brunnen aus Holz sehe, denke ich daran, dass ihn ein Bauer vielleicht vor Jahrzehnten gemacht hat. Wir sind immer und zumeist unbemerkt mit den Toten verbunden, auch wenn wir es nicht bemerken oder es verdrängen.

Der Büchner-Preisträger Josef Winkler lebt in Klagenfurt.

„Natürlich fürchte ich mich dann und wann"

Josef Winkler im Gespräch mit Stefan Winkler

Herr Winkler, der Tod ist in Ihrem Werk allgegenwärtig. Er ist Ihr ständiger Begleiter. Was fasziniert Sie so an ihm?

JOSEF WINKLER: Der Tod fasziniert mich nicht, er erschreckt mich, und wir wollen ihn nicht, aber er ist da und kommt, ob wir ihn wollen oder nicht. Bis zu meinem dritten Lebensjahr kann ich mich bewusst zurückerinnern, wo mich meine Tante in ein Aufbahrungszimmer führt, mich über eine mit Buchsbaumzweigen geschmückte Bahre hebt und mir das Totenantlitz meiner Großmutter mütterlicherseits zeigt, die im Zweiten Weltkrieg drei Söhne im jugendlichen Alter verloren hat. Von diesem Augenblick an also beginnt mein Leben, und ich habe, ob ich will oder nicht, dieses mich prägende Bild immer wieder vor Augen. Damit dürfte es wohl zusammenhängen, dass ich mich seit fast drei Jahrzehnten mit diesem Thema auseinandersetze. Man hat mir den Tod in die Wiege gelegt.

Wünschen Sie sich manchmal, es wäre anders gekommen?

WINKLER: Nein, eigentlich gar nicht, aber nur deswegen nicht, weil es mir gelungen ist, durch literarisches Schreiben darüber nachzudenken und dafür Sprachbilder zu finden. Dieses, ein Kleinkind wohl erschreckende Bild, das tief in seine Seele eingedrungen sein dürfte, gehört längst zu meinem Stoff, und den brauche ich, um zur Sprache kommen zu können.

Gibt es noch andere Todesbilder, die für Sie prägend waren?

WINKLER: Ich war jahrelang Ministrant, der Pfarrer nannte mich den „Erzministranten", und ich war bei jeder Hochzeit, bei jeder Taufe, bei jedem Begräbnis dabei und oft bei der Verabschiedung der Verstorbenen im Dorf, die in den Häusern aufgebahrt wurden. Auch meine Großeltern wurden drei Tage lang im Bauernhaus aufgebahrt. Die Tür zum Aufbahrungszimmer war ausgehängt. Ständig sah man, beim Vorbeigehen, die Schuhspitzen des im Sarg liegenden Großvaters. Unheimlich war mir der Sargdeckel, der hinter der schwarzen Tuchdekoration an der Wand lehnte. Später habe ich oft davon geträumt, und ich habe Angst, dass dieses Bild, wenn ich jetzt darüber rede, heute Nacht wieder kommt. Das würde ich meinen Kindern nie zumuten. Ich bin froh, dass die Toten nicht mehr tage- und nächtelang aufgebahrt werden dürfen in den Wohnhäusern.

Der Umgang der Alten mit dem Tod hatte aber auch etwas
Natürliches. Geht Ihnen diese Natürlichkeit heute ab?

WINKLER: An den vier Enden der Särge, in denen meine Großeltern lagen, waren vier vergoldete Füße angebracht, die Löwenpranken imitierten. Die habe ich als Kind immer wieder angestarrt. Später dann habe ich manchmal das Gefühl gehabt, dass mir mein Großvater mit diesen Löwenpranken im Sarg nachlaufen würde, das Ufer der Drau entlang. Dann habe ich mich umgedreht und Kieselsteine in Richtung Friedhof geworfen, wo er begraben liegt. Ich habe ihn abgewehrt, weil er mir zu nahe gekommen ist. Ich habe immer Angst gehabt, dass er mich mitnehmen will.

Ist die Angst geblieben?

WINKLER: Natürlich fürchte ich mich dann und wann vor dem Tod. Ich möchte, dass meine Kinder mich lange haben. Mein Vater ist im Alter von 99 Jahren gestorben. Obwohl ich mich zeit meines Lebens literarisch extrem mit ihm auseinandergesetzt habe, hatte ich doch das Glück, ihn 50 Jahre lang als Vater erleben zu dürfen.

Das klingt milde im Vergleich zu dem, was Sie als Junger über
ihn geschrieben haben. Hat der Tod etwas Versöhnliches?

> WINKLER: In meinem früheren literarischen Werk habe ich den Schrecken, den mein Vater und das Dorf in meine Kinderseele eingepflanzt haben, im wahrsten Sinne des Wortes *niederge*schrieben. Nach seinem Tod in meinem Buch „Roppongi – Requiem für einen Vater" ist mir eine nachgetragene Liebe gelungen, und darüber bin ich sehr froh.

Wie präsent ist der Tod in Ihrem Alltag, abseits des Schreibens?

> WINKLER: In meiner Wohnung ist kein einziges Todesmerkmal zu sehen, keine Totenmasken, keine Todesbilder.

Gehen Sie noch auf Friedhöfe?

> WINKLER: Früher bin ich das ganz Jahre über auf Friedhöfe gegangen. In einem Anflug von Ironie habe ich einmal gesagt, dass ich ein Allerheiligenhistoriker bin. Mittlerweile gehe ich aber nur mehr selten auf Friedhöfe.

Warum?

> WINKLER: Kaum betrete ich Friedhöfe, überfällt mich ein Gefühl der Beklemmung. Vor allem wenn ich in die Nähe von Kindergräbern gerate, bekomme ich Angst und kehre um. Ich glaube, das hat mit der Furcht zu tun, dass meinen eigenen Kindern etwas Schlimmes zustoßen könnte. So wie dem Buben, der auf dem Schulweg in Klagenfurt verunglückt ist. Ich habe den Unfall nicht gesehen, kam kurz darauf vorbei. Meine Frau hat mir gesagt, dass ich unmittelbar nach dem Tod des Buben, den ich ja gar nicht gekannt habe, eine Woche lang nicht ansprechbar war. Der Tod eines Kindes ist für mich das Erschütterndste, das es auf der Welt gibt. Es war ein so sinnloser Tod.

Der Historiker Peter Brown lehrt an der Universität Princeton.

„Wir erleben eine Demokratisierung des Himmels"

Der Historiker Peter Brown im Gespräch mit Stefan Winkler und Thomas Götz

Herr Brown, Sie beschäftigen sich seit vielen Jahren mit christlichen Vorstellungen vom Jenseits. Wie wirkt sich das auf Ihr Verhältnis zum Tod aus?

> PETER BROWN: Ich betrachte den Tod sicherlich nicht auf die gleiche Weise, wie man einen Fisch im Aquarium betrachtet. Aber als Historiker bemühe ich mich um Abstand. Die Vergangenheit ist nicht die Gegenwart. Nur wer sich das vor Augen hält, kann ermessen, wie sehr die Vergangenheit zur Gegenwart wurde.

Was unterscheidet unser heutiges Verhältnis zum Tod von dem der Menschen früher?

> BROWN: Anders als man meinen könnte, besteht der große Unterschied weniger darin, dass die Alten an den Himmel glaubten und wir nicht. Die entscheidende Frage lautet, wie weit der Himmel von den Menschen entfernt ist. Und da zeigt sich paradoxerweise, dass er uns heute viel näher ist, als das früher der Fall war.

Wie kommt das?

> BROWN: Zwischen uns und dem Himmel lauern keine Gefahren mehr. Wenn Menschen mit Nahtoderlebnissen heute darüber berichten, was sie im Jenseits sahen, erzählen sie oft von einem Tunnel und von Licht. Frühe Christen dagegen würden voller Angst von Dämonen berichten, vom Teufel und von dunklen Schatten. Kein Tod soll mich vom Herrn trennen, schreibt der heilige Paulus. Wie seine Zeitgenossen begriff er den Tod als personifizierte

feindliche Macht, wie es in der Mythologie der alten Griechen Hades, der Gott der Unterwelt, war.

Unsere Vorfahren waren von Furcht erfüllt, nicht in den Himmel zu gelangen. Heute dagegen gilt das für gläubige Menschen als gewiss.

BROWN: Wir erleben eine echte Demokratisierung des Himmels, der gleichzeitig immer abstrakter und leerer wird. Wenn Sie in eine barocke Kirche gehen und den Blick nach oben zur Decke richten, sehen Sie einen mit kleinen Knaben überfüllten Himmel. Wir empfinden das, wie die Italiener sagen, als stonato, als unpassend. Aber es ist der Himmel der Alten Welt, der Welt, in der unsere Vorfahren lebten.

Er hat sich gewandelt.

BROWN: Ja. Auf die Frage, ob er an den Himmel glaubt, würde ein früher Christ nicht anders als ein heutiger gläubiger Christ mit Ja antworten. Nur zwischen ihren Vorstellungen, wie das Jenseits genau beschaffen ist, liegen Welten. Das hat auch damit zu tun, dass sich unsere Sicht des Universums ebenfalls grundlegend gewandelt hat.

Inwiefern hat sie das?

BROWN: Wenn Leute heute sagen, dass sie sich dem Himmel nahe fühlen, bringen sie damit zum Ausdruck, dass sie sich im Einklang mit dem Kosmos sehen. Unsere Vorfahren dagegen dachten sich das Universum als streng hierarchische Ordnung: An der Spitze strahlte das Licht, in der Tiefe regierte die Finsternis, und in der Mitte lag die Erde.

Was war ihre Bestimmung?

BROWN: Ein kleiner Teil der Schöpfung Gottes zu sein. Für alle Zeiten. Diese Gewissheit ist nicht hoch genug einzuschätzen. Denn sie tröstet und macht demütig.

Trotzdem ist die Hölle heute fast zur Gänze aus unserer
Ideenwelt verschwunden. Sind wir zivilisierter geworden?

> BROWN: Nein. Aber der Himmel ist uns so nahe gerückt, dass wir die Hölle nur schwer akzeptieren können. Sie ist auf seltsame Weise dem Glauben an den Himmel zum Opfer gefallen.

Wirkt sich der Wandel unserer Jenseitsvorstellungen auf
unseren Umgang mit dem Tod aus?

> BROWN: Die wohl einschneidendste Veränderung ist, dass uns heute die Ärzte auf den Tod vorbereiten, nicht mehr die Familie. Die Familie ist vom Totenbett verbannt. Ich habe viele Freunde in der Intensivstation verschwinden sehen, wo sie, von ihren Angehörigen abgeschirmt, dann gestorben sind. Wir haben mit dem Fortschritt der modernen Medizin unsere Handlungsfreiheit gegen Lebensende eingebüßt. Das ist auf paradoxe Weise der Preis dafür, dass unser Blick auf den Tod zu optimistisch geworden ist.

Was können wir dagegen tun?

> BROWN: Ein Freund von mir starb in einem Raum, in dem plärrend ein Fernseher lief. Das darf nicht sein. Wir müssen uns wieder an die Sterbebetten setzen und dem Tod aktiver entgegentreten. Unsere Vorfahren glaubten, dass sie durch wohltätige Gaben etwas für das Seelenheil der Toten tun könnten. Wir sehen in jedem Geschenk nur noch eine Geldtransaktion. Sicher, ein verlorener Glauben kann nicht einfach wiederbelebt werden. Aber wenn wir die Toten wieder in die Schöpfung Gottes einbeziehen, könnten wir viel von der Solidarität, Wärme und Souveränität wiedergewinnen, mit der sie dem Tod ins Auge blickten.

Gian Domenico Borasio lehrt Palliativmedizin an der Universität Lausanne.

„Ärzte müssen wieder zuhören lernen"

Gian Domenico Borasio, einer der führenden Palliativmediziner Europas, im Gespräch mit Carina Kerschbaumer

Sie haben vor Jahren den Deutschen Bundestag überzeugen können, Palliativmedizin als Pflichtfach an den Universitäten zu integrieren. Wie haben Sie das geschafft?

GIAN DOMENICO BORASIO: Ich habe den Abgeordneten gesagt: „Sie lassen es seit Jahren zu, dass 90 Prozent der Medizinstudenten Ärzte werden, ohne die geringste Ahnung von Palliativmedizin und Sterbebegleitung zu haben. Sie nehmen damit billigend in Kauf, an Ihrem Lebensende mit 90-prozentiger Wahrscheinlichkeit an eben einen solchen Arzt zu geraten. Das nenne ich selbstschädigendes Verhalten." Es herrschte darauf ziemliche Stille im Saal. Eine Woche später erhielt ich die Aufforderung, einen Gesetzestext auszuarbeiten, der die Palliativmedizin als Pflichtfach in der Ausbildung integriert. Das Gesetz wurde 2009 erlassen. Die Behandlung der physischen Symptome wie Schmerzen oder Atemnot, aber auch der psychosozialen und spirituellen Probleme am Lebensende ist seitdem Pflichtbestandteil der Ausbildung.

In Ihrem Buch „Über das Sterben" wollen Sie Menschen die Angst vor dem Sterben nehmen. Kann das je gelingen?

BORASIO: Es würde mir schon reichen, wenn durch das Buch das allgemein sehr hohe Angstniveau vor dem Sterben um ein paar Millimeter gesenkt werden könnte. Es gibt ja zwei verschiedene Ängste: die Angst vor dem Tod, vor der Auslöschung des eigenen Ich. Vor allem für Menschen ohne Glauben ist das eine ziemlich fürchterliche Vorstellung.

*Eine Angst, die auch ein Palliativmediziner nicht nehmen wird
können.*

> BORASIO: Genau. Was wir aber nehmen können, ist die Angst vor einem qualvollen Sterbeprozess.

*Weil Sie als Hebamme für das Sterben, wie Sie sich bezeichnen,
dies verhindern können?*

> BORASIO: In den allermeisten Fällen ja – wobei dieser Begriff nicht nur Ärzte, sondern alle Mitglieder des Palliativteams bezeichnet, wie Pflegende, Sozialarbeiter, Psychologen, Seelsorger.

Hebamme des Sterbens klingt am Lebensende eigenartig.

> BORASIO: Das stimmt auf den ersten Blick, aber Tod und Geburt haben tatsächlich vieles gemeinsam. Es sind natürliche Prozesse, die in den meisten Fällen am besten ablaufen, wenn sie von Ärzten nicht gestört werden. Biologisch sind es die zwei Seiten einer Medaille.

Die Seite des Lebens ist uns aber lieber.

> BORASIO: Das stimmt, der Gedanke an den Tod ist angstbesetzt, und deshalb beschäftigt man sich nicht gerne damit. Was aber schade ist, denn die Auseinandersetzung mit der eigenen Endlichkeit kann für das eigene Leben sehr bereichernd sein.

*Und weil man sich nicht beschäftigt, wird am Lebensende das
von Ihnen propagierte liebevolle Unterlassen zu oft nicht
gemacht?*

> BORASIO: Es wird in der letzten Phase leider oft übertherapiert. Auch weil wir nicht gelernt haben, dass eine gute palliativmedizinische Betreuung ein Erfolgserlebnis für den Arzt sein kann. Denn es ist natürlich ein Riesenunterschied, ob ein Patient qualvoll oder friedlich stirbt.

Stichwort Übertherapie. Welche Rolle spielt die
Pharmaindustrie?

BORASIO: Der Wunsch der Patienten, lange zu leben, kommt natürlich dem Wunsch der Pharmaindustrie nach möglichst großen Umsätzen entgegen. Es kommen Medikamente auf den Markt, die marginale lebensverlängernde Wirkung haben, aber manchmal starke Nebenwirkungen. Ein Beispiel: Einem jungen Patienten mit einer seltenen Krebserkrankung und nur kurzer Lebenserwartung wurde ein neues Medikament angeboten. Die Folge war, dass er drei Tage später gestorben ist – aber qualvoll. Er hatte davon nur Nachteile. Und die Behandlung kostete über 100.000 Euro.

Würden Sie nicht nach jedem Strohhalm greifen?

BORASIO: Das hängt von der Kommunikation ab. Ärzte sagen nicht:

„Dieses Medikament könnte Ihnen zwei Monate Lebensverlängerung zum Preis schwerer Nebenwirkungen bringen." Sie sagen: „Dieses Medikament hat eine 26-prozentige Ansprechrate." Was das bedeutet, wird nicht erklärt, und die Patienten fragen meist nicht nach.

Sie kritisieren auch Magensonden bei hochbetagten
Demenzpatienten, weil sie nichts bringen. Sie haben Verständnis
für jene Frau, die in Deutschland die Sonde ihrer im Koma
liegenden Mutter im Pflegeheim durchschnitten hat?

BORASIO: Das war ja eine schwere Körperverletzung seitens des Pflegeheims. Es war klar, dass die Mutter die Sonde nicht gewollt hatte. Und eine Behandlung gegen den Patientenwillen ist rechtswidrig. Die Tochter hat also quasi in Notwehr gehandelt.

Würden Sie auch für einen ärztlich assistierten Suizid eintreten?

BORASIO: Mein Plädoyer ist nicht für oder gegen den assistierten Suizid, sondern immer nur für den Patienten. Der assistierte Suizid ist im Übrigen auch dort, wo er erlaubt ist, eine Randerscheinung. In der Schweiz sterben weniger als 0,5 Prozent auf diese Weise.

Sie schreiben aber, dass schwerstkranke Menschen, die nicht mehr leben wollen, sich eine bessere Alternative als die U-Bahn oder den Strick wünschen.

BORASIO: Worum es primär geht, ist eine flächendeckende palliativmedizinische Versorgung. Erst wenn es diese gibt, kann man versuchen, eine konsensfähige Lösung zu finden für jene, die aus nachvollziehbaren Gründen sagen: „Das, was mir noch bevorsteht, möchte ich nicht erleben."

Sie haben einen Herzchirurgen kritisiert, weil er sagte: „Ich hasse den Tod." Ist das nicht bei einem Chirurgen eine nachvollziehbare Gemütsbewegung?

BORASIO: Ja, aber sie offenbart ein antiquiertes medizinisches Verständnis. Eine der wichtigsten Voraussetzungen für die Arbeit als Arzt ist die Auseinandersetzung mit der Endlichkeit: der eigenen und der des Patienten. Natürlich ist ein Chirurg primär auf Heilung ausgerichtet, aber eine ausschließlich negative Haltung gegenüber dem Tod birgt die Gefahr der Übertherapie in sich.

Eine Haltung von Ärzten, die den Tod als Versagen betrachten?

BORASIO: Ja, die Deutungshoheit über das Sterben übertrug sich in der zweiten Hälfte des letzten Jahrhunderts von der Kirche auf die Ärzte. Halbgötter in Weiß ist ja ein Begriff, der den Bezug auf Leben und Tod ausdrückt. Kein Mensch würde auf die Idee kommen, Banker als Halbgötter im Nadelstreif zu bezeichnen. Hinter der Tabuisierung des Todes im letzten Jahrhundert stand eine gewisse Allmachtsfantasie, die in der Medizin latent vorhanden war. Heute müssen wir als Ärzte vor allem die Demut und das aktive Zuhören wieder lernen, wenn wir unseren Patienten und ihren Familien wirklich helfen wollen.

Der Theologe Arnold Mettnitzer lebt als Psychotherapeut und Autor in Wien.

„Benehmt Euch nicht wie Eingeschlafene"

Der Psychotherapeut und Theologe Arnold Mettnitzer im Gespräch mit Stefan Winkler

Herr Mettnitzer, als Psychotherapeut sind Sie oft mit Tod und Trauer konfrontiert. Was können Sie darüber erzählen?

ARNOLD METTNITZER: Tod ist Beziehungserfahrung. Der Tod zerreißt ein Band. Sterben bedeutet Abschied und existenzielle Bedrohung, weil beim Tod eines Menschen auch die bisher gelebte Beziehung stirbt und mit einem Menschen auch ein Teil derer begraben wird, die zurück bleiben.

Bedeutet das, dass der Tod eines geliebten Menschen immer auch uns selbst infrage stellt?

METTNITZER: Das Miteinander-Verwachsen wird durch den Tod endgültig abgebrochen. Darum sagen auch Trauernde sehr anschaulich, sie fühlten sich entzweigerissen und entwurzelt. Das verändert das ganze Leben. Wir geraten ins Grübeln, fragen uns: „Wer bin ich denn noch ohne dich?" Friedrich Rückert schreibt dazu in einem Gedicht: „Dass du mich liebst, macht mich mir wert." Die Gefühle, die unsere Trauer begleiten, haben vor allem mit unserer persönlichen Geschichte zu tun.

Was geschieht mit uns, wenn wir trauern?

METTNITZER: Trauer ist Schwerstarbeit, sie ist ein Prozess, der durchaus auch Jahre dauern kann. Denn es ist sehr schwer, einen neuen Weltbezug herzustellen, in dem man es verkraftet hat, dass es die Welt ohne den durch den Tod verlorenen geliebten Menschen gibt. Im ersten Moment der Trauer weigern wir uns zu glauben, dass der geliebte Mensch wirklich gestorben ist, und versuchen, uns vor den Gefühlen des Verlusts zu retten, indem wir uns einreden, alles wäre nur ein böser Traum. Diese Periode kann Stunden oder Tage dauern. Oft ist es der Anblick des Leichnams, der sie beendet. Dann brechen plötzlich sich widersprechende Gefühle auf wie Kummer, Angst, Zorn, Schuld, Sehnsucht, Liebe und Dankbarkeit.

Wie sollen wir mit diesen Gefühlen des Kummers, der Angst, der Sehnsucht umgehen?

METTNITZER: Am besten ist, man lässt sie zu. Das Ideal der tapferen Selbstbeherrschung mag zwar für die Mitmenschen angenehm sein, führt bei dem, der trauert, aber leicht zu einem Stillstand des Trauerprozesses. Nur wer auch die Emotionen, die er empfindet, wirklich zulässt, wird die Kraft besitzen, den Verlust zu verarbeiten. Gerade auch Gefühle des Zorns und der Wut auf den Verstorbenen sind wichtig, damit Trauernde nicht in Depression versinken.

Widerspricht das nicht der Scheu, die wir davor haben, über Tote etwas Negatives zu sagen?

METTNITZER: Weil wir Menschen sind, hat jeder von uns Licht- und Schattenseiten. Natürlich muss es erlaubt sein, und es ist auch sinnvoll, nach dem Tod über die Schattenseiten eines Menschen zu sprechen. Nur muss es gut gesagt sein. Das heißt nicht, dass es nur Gutes ist.

Wie finden wir aus der Trauer wieder ins Leben zurück?

METTNITZER: Trauerarbeit ist immer Erinnerungsarbeit. Es sind Geschichten und Erinnerungen, die den Menschen wieder ins Leben zurückholen und ihm gleichzeitig bewusst machen, dass das Miteinander zu Ende ist. Der Verstorbene wird in der Erinnerung gesucht, auch in Träumen und Gesprächen mit anderen. Dabei denken die Trauernden aber immer auch an sich und die Beziehung, die zwischen ihnen und den Verstorbenen bestanden hat.

Wir besinnen uns auf uns selbst zurück?

METTNITZER: So könnte man es auch sagen. Es ist für einen wichtig, sich die Geschichte, die er mit einem Menschen hatte, ins Bewusstsein zu rufen. Denn solange einer noch lebt, ist die Beziehung zu ihm noch nicht zum Abschluss gekommen. Ganz anders wird die Beziehung aber im Gefühl und in der Erinnerung nach dem Tod präsent, weil nun nichts mehr verändert werden kann.

Wie wirkt sich das Gefühl, nichts mehr verändern zu können,
obwohl man das vielleicht möchte, auf das weitere Leben aus?

METTNITZER: Beziehungen werden kostbarer. Geht man nach einem Verlust, den man betrauert hat, wiederum eine Beziehung ein, dann geschieht das mit sich widerstreitenden Gefühlen. Man will sich ganz einlassen auf einen anderen Menschen, weiß aber auch darum, dass Beziehungen endlich sind.

Man kennt nun den Preis einer Bindung?

METTNITZER: In einem Liebesbrief heißt es: „Ich bin so glücklich mit Dir, wie viel Unglück ist darin angelegt?" Man hat aber auch gelernt, dass Verluste betrauert werden können. Sie bringen einen nicht um, sondern können einen ganz im Gegenteil in bewussteren Kontakt mit sich selbst und mit neuen Seiten in sich selbst bringen. Todesbewusstsein wird so ein Aspekt des Selbstbewusstseins.

Glauben Sie, dass das Sterben auch gelernt werden kann?

METTNITZER: Wer gelernt hat zu trauern, kann besser mit der Erfahrung des Todes umgehen. In Amerika gibt es gute Ansätze, in den Schulen mit Kindern über den Tod zu reden. Bei uns hat das bislang nur die Hospizbewegung aufgegriffen. Wir haben die große Kinderfrage, woher wir kommen, durch eine freizügige Rede über Sexualität enttabuisiert. Aber die Frage nach dem Tod, was im Himmel ist oder wo wir hingehen, die ist immer noch ein großes Tabu.

Warum ist das so?

METTNITZER: Wir haben uns angewöhnt, für alle wichtigen Fragen Experten zu haben. An diese Gurus delegieren wir die Gestaltung unseres Lebens. So wie wir unseren Masseur, Therapeuten und Mechaniker haben, delegieren wir auch die Frage nach dem Tod und was danach sein wird, von uns weg.Das kann nicht gut gehen. Alles, wovon wir leben, ist dann immer nur ein Surrogat, das uns ein anderer geflüstert hat. Und so kommen wir nie zu dem, was uns heilig und wichtig ist.

Haben wir heute also in gewisser Weise das Sterben verlernt?

METTNITZER: Unsere Kultur hat den Tod ausgebürgert. Im kollektiven Bewusstsein gehört er nicht zum Leben als dessen Ende; er wird als ein Einbrecher erlebt, den wir so lange wie möglich fernhalten. Natürlich sterben die Menschen auch heute. Aber sie scheiden in den Krankenhäusern aus dem Leben. So stören sie unser Fest der Unsterblichkeit auf Zeit nicht. Tod, Krankheit und Alter werden aus dem Alltag ausgeblendet und in Sonderbereiche verlegt. Unsere Sozialästhetik soll nicht durch leidende, behinderte, sterbende Menschen beleidigt werden. Und je mehr wir das Leiden und Sterben von uns wegschieben, desto mehr müssen wir die Fiktion des leidensfreien und unsterblichen Menschen aufrechterhalten.

Was hat das für Folgen?

METTNITZER: Früher war der Tod ein Teil des Lebens. Man erlebte das Sterben der Großeltern, Eltern und anderer zur Großfamilie Gehörender immer wieder als entfernte Vorbereitung auf den eigenen Tod. Das Sterben im Kreis der Familie, die Krankenbesuche, die Verabschiedung und die religiösen Bräuche um Kranke und Sterbende waren nicht nur eine Sterbe-, sondern auch eine Lebensschule. Die heutige Abwehr des Todes dagegen bewirkt, dass wir ihn nur noch bedrohlicher und unheimlicher machen.

Was wäre dagegen wichtig? Eine ritualisierte Form von
Nachdenklichkeit über das Lebensende, das Sterben, den Tod?

      METTNITZER: Ja, sie muss aber geübt werden, indem wir zum Beispiel ein Zwiegespräch mit dem eigenen Grabstein führen, uns fragen, was wir da hinaufschreiben könnten. Auf einem Grabstein steht zu lesen: „Halt, o Wanderer, und bete für mich. Dereinst kommt ein anderer und betet für dich."

Was würden Sie vielen Menschen auf den Grabstein
hinaufschreiben?

      METTNITZER: Lebt, so lange ihr Leben habt, und benehmt euch nicht vor der Zeit wie Begrabene oder bereits Eingeschlafene. Ich denke, dass das Bewusstsein, dass wir sterben müssen, den Genuss steigern könnte. Es könnte uns dabei gewahr werden, dass die Zeit, die wir haben, eine geschenkte ist. Und dass man sich auch im Umgang miteinander bewusst macht, dass die Zeit, die zwei Menschen miteinander erleben, eine ist, die man liebevoll füreinander nützen kann.

Der Tod nimmt zwar das Leben, aber er bereichert es auch.

      METTNITZER: Ich sage sogar, erst der Tod macht das Leben ganz!

Einfach da sein

Sie begleiten auf schwierigen Wegen, sind einfach
da, hören zu und schenken das Wichtigste:
Zeit, Hoffnung, Mut. Hospizmitarbeiterinnen und
Mitarbeiter, Betreute und Angehörige schildern
auf den folgenden Seiten Begegnungen in
schweren Lebensphasen – fotografisch begleitet
von Anna Zora.

Hospizmitarbeiterin Rita Jahn denkt oft an einen Patienten, der zu ihr sagte: „Schieben Sie nichts auf.“

Rita Jahn

Es ist ein Geschenk,
für andere da zu sein

Einmal bin ich zu einer Patientin ins Zimmer gekommen und habe dann auch die Bettnachbarin gefragt: „Wie geht es Ihnen denn?" Sie hat gesagt: „Jaaa – heute Nacht wird's ernst." Ich sage: „Geh!"

Später bin ich noch einmal in das Zimmer gegangen, weil die Nachbarin geläutet hat. Der Sohn war bei ihr. Ich habe nichts geredet. Als der Sohn gegangen ist, habe ich sie noch einmal angesprochen. Und sie hat wieder gesagt: „Heut´ Nacht. Heut´ Nacht wird's ernst."

Zuerst habe ich es nicht so ernst genommen, doch dann bin ich eingestiegen. Ich habe einfach zu ihr gesagt, wie das denn ist: Wenn sie so stark empfindet, dass sie heute Nacht vielleicht sterben wird – sie hat zwei Kinder –, was wir machen sollen, sollen wir die Kinder anrufen? Da hat sie gesagt: „Ruft's mir ja nicht die Kinder an! Denn ich halt das nicht aus, dass es ihnen, wenn ich sterbe, so weh tut!"

Diese bedingungslose Mutterliebe! Sie hat in der letzten Phase noch ihre Kinder schützen wollen! Um 22 Uhr haben wir sie noch für die Nacht gerichtet, haben sie schön gemacht, und auf einmal, da stirbt sie wirklich! Und ich sagte noch zur Schwester. Rufen wir an oder was machen wir…? Die Schwester meinte: „Rufen wir an, ich kenne ihre Kinder, sie wollen sicher dabei sein, wenn die Mutter stirbt."

Wir haben dann auch angerufen, aber die Mutter hat nicht so lange gewartet. Sie ist vorher gegangen, bevor ihre Kinder da waren. Die Kinder waren natürlich entsetzt, sie wollten dabei sein. Ich hab dann noch lange mit ihnen geredet und ihnen ganz genau erklärt, dass es der Wille der Mutter war, dass sie allein gehen kann. Angehörige wollen oft bis zuletzt begleiten, aber manchmal wollen Sterbende das gar nicht. Die wollen oft ganz gern alleine sein.

Bei meiner eigenen Mutter war es auch so. Wir sind sechs Kinder, und wir haben meiner Mutter versprochen, sie darf daheim sterben. Sie wollte nicht im Krankenhaus sterben. Wir haben uns alle verabschiedet, und meine Schwester, sie wohnte bei meiner Mutter, ist die ganze Nacht bei ihr gesessen. Die ganze Nacht. Sie wollte sich nur in der Früh einen Kaffee machen, ging aus dem Raum, und in dem Moment ist die Mutter gestorben. Damit hat meine Schwester gehadert, denn sie wollte bei der Mama dabei sein: „Die ganze Nacht bin ich gesessen, und jetzt ist sie ohne mich gegangen!"

Es war ihr Wunsch. Das muss man respektieren. Aber es tut manchmal weh.

„Wenn ich in Pension bin"

Letztens, als ich bei einem Patienten war, habe ich so nebenbei gesagt: „Ja, das mache ich dann, wenn ich in Pension bin." Wie man halt oft so sagt. Er hat gesagt: „Hören S' mir auf damit: Wenn ich in Pension bin...! Was Sie jetzt nicht machen, ist versäumt!"

Er hat immer gedacht: „Wenn ich in Pension bin, dann mache ich das." Alles hat er seiner Frau versprochen: „Wenn ich in Pension bin, dann machen wir das und das...!" Und dann war er in Pension. Er hat nicht einmal die Zeit gehabt, dass sie etwas hätten planen können. Er ist krank geworden. Und er ist mittlerweile verstorben.

Als ich nach der Begleitung aus dem Raum ging, hat er mir gesagt: „Und denken Sie an mich, wenn Sie mich aus der Zeitung herauslesen!" Und ich habe ihn aus der Zeitung „herausgelesen" – ich bin nie mehr zu ihm gekommen, das hat sich nie mehr ergeben – und da musste ich daran denken: „Alles, was Sie jetzt aufschieben ..."

Paula Glaser

„Bitte komm wieder!"

Wie's in einem Dorf so ist, habe ich gehört, dass Herr N. schwer krank ist. Beim Einkaufen treffe ich seine Frau, die ich frage, wie es ihrem Mann geht. Sie erzählt mir ihre Sorgen: Er will keine Besuche, will nicht ins Freie gehen, nicht essen – zu den großen Sorgen um seine Gesundheit kommen die Schwierigkeiten, ihn entsprechend zu behandeln. Ich frage, ob ich einen Besuch machen solle. Die Frau meint, ja schon, aber es sei möglich, dass er auch mich nicht sehen wolle.

Ich komme ins Haus und begrüße Herrn N. mit den Worten: „Wenn du nicht hinausgehst, muss ich kommen und schauen, wie's dir geht." Herr N. greift nach seinem Befund und gibt ihn mir zum Lesen. Der Befund scheint mir schlechter zu sein, als es der augenblickliche Zustand zeigt. Das Thema, bei diesem schönen Wetter ins Freie zu gehen und sich auf die Gartenbank zu setzen, wird angeschnitten. Ich meine: „Na ja, ich kann mir schon vorstellen, dass du keine Lust hast, ins Freie zu gehen. Dich kennen so viele Leute, alle werden dich fragen, wie's dir geht. – Was willst du ihnen schon sagen?? „Ja", meint Herr N., „genauso ist es! Ich mag nicht!" Nach einer guten Stunde verabschiede ich mich. Als ich frage, ob ich wiederkommen solle, meint Herr N. sehr bestimmt: „Ja, bitte, komm wieder!"

Ich besuche daraufhin Herrn N. wöchentlich, aus beruflichen Gründen an Samstagen oder Sonntagen. Wir sprechen sehr viel, mit Herrn N., aber auch mit seiner Frau. Über die schwere Krankheit, über Neuigkeiten, über die Möglichkeit, das mobile Palliativteam anzufordern. Mit der Frau über die Ernährung, über die Wünsche bzw. mehr über die Nicht-Wünsche ihres Gatten. Nach vier Monaten wird auch das mobile Palliativteam angefordert.

Von Mai bis September habe ich Herrn N. jede Woche besucht. Als ich für vier Tage verreise, besuche ich Herrn N. schon am Freitag. Er begrüßt mich, in einem Pflegebett liegend. Er beschreibt, wie praktisch das ist und führt die einzelnen Funktionen vor. Schließlich sitzt er aufrecht im Bett, sieht mich sehr eindringlich an und meint: „Paula, ich möcht' dir danken, dass du mich so oft be-

Paula Glaser erinnert sich, wie ein schwerkranker Mann zu ihr sagte: „Paula, ich möchte
Dir danken."

sucht hast. Wenn du am Samstag nicht gekommen bist, dachte ich mir, du kommst ganz sicher am Sonntag. Das war schön!"

Ich verabschiede mich und kann nicht glauben, dass Herr N. drei Tage danach verstorben ist.

Herr N. war familiär sehr gut eingebunden, Kinder und Enkelkinder besuchten ihn sehr oft – trotzdem haben ihn meine Besuche so erfreut. Das sollte uns zu denken geben, wenn des Öfteren festgestellt wird: „Da kommt eh die Familie, da braucht's keine Hospizbegleitung!"

Eine Umarmung

Die Palliativstation unseres Krankenhauses ersucht um Begleitung einer schwerkranken Frau. Sie hat viele Ängste und einen sehr unangenehmen Brechreiz. Ich sage zu, ab 21 Uhr zur Sitzwache zu Frau B. zu kommen. Ich stelle mich vor und setze mich zu ihr ans Bett. Frau B. hat meiner Kollegin in den Stunden davor noch Verschiedenes erzählt, vor allem dass sie ihren Sohn noch sehen wolle, der erst am Sonntag mit seiner Familie kommen könne.

Frau B. kann mit mir nichts mehr sprechen, der Brechreiz schüttelt sie, die Schwäche erfasst zunehmend ihren Körper. Sie stöhnt des Öfteren leise und stammelt ganz leise: Auu, Auu, Auu. Es war eine sehr unruhige Nacht, ganz anders, als ich sie mir vorgestellt hatte. An Schlafen war nicht zu denken. Ich spreche beruhigend auf Frau B. ein und unterstütze sie, so gut es geht, und halte die Spuckschale, stütze sie. Meine Gedanken kreisen einzig darum, ob der Sohn wohl noch rechtzeitig eintreffen werde.

Um 6.30 Uhr verabschiede ich mich. Ich sage zu Frau B.: „Jetzt dauert es gar nicht mehr lange, und Ihr Sohn wird mit den Kindern da sein!" Daraufhin zieht Frau B. – diesmal mit sehr viel Kraft – meinen Kopf zu ihr hinunter, umarmt mich und flüstert ein „Danke!".

Helmut Reichel: „Ich habe gelernt, das Alltägliche neu zu entdecken.“

Helmut Reichel

Eine Frau zum Verlieben

Frau J. hatte Gebärmutterkrebs. Und sie war ein Wesen, in das man sich verlieben musste.

Auch ich machte bei dieser 82-jährigen Frau keine Ausnahme, wollte es auch gar nicht.

Gut kann ich mich noch an eine ihrer ersten Fragen erinnern. Was denn eigentlich den Unterschied zwischen Geriatrie und Hospiz ausmache. Ich war damals ein wahrlich blutiger Anfänger in der Arbeit der Hospizbewegung und dementsprechend unsicher.

Ich glaube, ich antwortete damals mit dem nicht sehr beeindruckenden Satz:

„Der Unterschied besteht zumindest einmal in der verschiedenen Art der Verwaltung."

Es war ein nahezu rührender Versuch, nur nichts Falsches zu sagen.

Sehr stark in Erinnerung geblieben sind mir nicht nur die Gespräche, sondern auch die Spaziergänge im Park, wenn ich Frau J. im Rollstuhl führen konnte.

Diese Spaziergänge waren immer wieder von leisen Ausrufen begleitet.

Kleinste Begebenheiten konnten sie erfreuen. Was es dann auch für mich schön machte. Sah ich doch total „Alltägliches", wie eine Ente, auch mit den Augen dieser Frau. Ähnlich verhielt es sich mit Bäumen und Blättern, die im Wind tanzten.

Und Luft war nicht mehr gleich Luft, war mehr als ein „natürlicher" Vorgang. Und auch das Sonnenlicht wollte anders entdeckt und wahrgenommen werden.

Die zarte und behutsame Vertrautheit zwischen uns beiden war ein weiterer Punkt, den ich nicht missen möchte.

Als Frau J. in einen anderen, für sie offenbar schon bereitgestellten Park ging, war ich ziemlich stark, aber nur ganz kurze Zeit mit meiner Trauer beschäftigt.

Rasch wurde dieses Gefühl von einem ebenso intensiven abgelöst, dem Gefühl der Dankbarkeit. Dankbarkeit, dass wir uns eine Zeit lang etwas geben konnten.

Barbara Weber lacht auch, wenn es regnet: „Es ist schön, etwas Sinnvolles getan zu haben.“

Barbara Weber

An der Hand des Sohnes

Am letzten Freitag im November ist Frau F. im Alter von 73 Jahren an der Hand ihres Sohnes und der Hospizbegleiterin ruhig eingeschlafen.

An der Hand ihres Sohnes hört sich etwas ungewöhnlich an, wenn man bedenkt, dass dieser in den letzten sechs Wochen das Krankenzimmer seiner Mutter nie betreten hat.

Frau F. hat im Juli ihren Gatten nach kurzer Krankheit im Spital verloren. Schon da hat sie geäußert, dass sie ihm „sehr bald folgen wird!". Frau F. war eine rüstige Bäuerin ohne besondere Erkrankung.

Aus ihren Erzählungen weiß ich, dass sie sich ganz einfach aufgegeben hat. Sie lebte zwar bei Sohn und Schwiegertochter, fand aber allein keinen Sinn mehr in ihrem Leben. Wir sprachen oft darüber, wie sehr dieses „Alleinsein!" sie belastet. Ich konnte beobachten, wie von Tag zu Tag ihr Lebenswille immer kleiner wurde. Als sie dann schon so schwach war, keine Kraft mehr hatte, ihr Bett zu verlassen, fand die Kommunikation mit ihrem Sohn nur mehr im Türrahmen stehend statt.

Darauf angesprochen, kam vom Sohn dieser Satz: „Habe Probleme, auch meine Mutter zu verlieren!"

Von da an hatte ich eine weitere Aufgabe – eine Aufgabe, die mich sehr viel Gespräche und Energie gekostet hat. Umso glücklicher war ich, als absehbar war, dass für die Mutter die Zeit gekommen ist, der Sohn mit mir an der Hand den Weg doch beschritten hat, um sich von seiner Mutter zu verabschieden. Es war ein sehr trauriger und doch tief bewegender Moment.

Besuche erhielt Frau F. eigentlich nur noch von ihrer älteren Schwester. Als ich wieder einmal bei Frau F. zu Besuch war, verlangte Frau F. nach ihrer Schwester. Als sie dann endlich kommt, findet folgender kurzer Dialog zwischen den beiden Schwestern statt:

Frau F: „Warum kommst du so lange nicht?"
Schwester: „War ja eh vor Kurzem da!"

Frau F: „Wann denn?"
Schwester: „Vor zwei Tagen! – Geht es dir nicht gut?"

Frau F: „Du musst mir helfen, das Gewand zu richten!"
Schwester: „Ist dir kalt?"

Frau F: „Nein, jetzt nicht, aber später!"
Schwester: „Red nicht so ein dummes Zeug!"

Frau F: „Richte mir das Gewand her!" …….. „Bitte!!!!!!!!!!!"

Frau F. dreht sich zur Seite und meint, sie möchte etwas schlafen.

Ihre Schwester begreift den Sinn der Worte, bricht in Tränen aus und meint zu mir: „Dann bin ich allein!"

Die Schwester betreute über Jahre ihre kranke Mutter, die sehr schwer gestorben ist. Sie verlor vor zwei Jahren ihren Gatten, auch ihn betreute sie rund um die Uhr. Mit ihrer Schwester konnte sie reden, sie hat sie verstanden.
Frau F. ist an diesem Abend im Kreise ihrer engsten Familie verstorben.
Noch heute, fast zwei Jahre nach dem Todestag seiner Mutter, ist mir der Sohn, wenn wir uns irgendwo über den Weg laufen, sehr dankbar, dass er sich von seiner Mutter so persönlich verabschieden konnte. Dass er den Mut hatte, meine angebotene Hand zu nehmen und mit mir dann gemeinsam den für ihn so schwierigen Weg zu gehen.

Es war auch für mich eine wunderbare Begleitung, eine bewegte Erfahrung, die ich nicht missen möchte. Auf der einen Seite dieser endgültige, traurige Verlust.
Auf der anderen Seite doch eine gute und positive Erfahrung, etwas Sinnvolles getan zu haben.

Maria Stahl

Heilsame Berührungen

Die erste Berührung zwischen uns war der Blick in seine Augen. Ich trat an sein Bett und schaute ihn an, und er hielt sich an meinen Augen fest. Ein alter Mann, angekommen am Ende seines Lebens, sprachlos geworden. Er lag einige Zeit auf unserer Palliativstation. Ich besuchte ihn jeden Tag, führte ihn im Rollstuhl in den Garten, durch die Gänge des Krankenhauses; ich saß bei ihm am Bett, erfand Spiele, wie z. B. einen kleinen Ball über die Bettdecke rollen zu lassen, den seine mageren Hände zu haschen suchten. Er bildete mit seinen aufgestellten Beinen unter der Tuchent eine ganz sanfte Erhöhung, sodass der Ball nur zögerlich rollte. Trotzdem war es für den fast Neunzigjährigen ein großer Erfolg, wenn er den Ball zu fassen bekam. Da leuchteten seine Augen auf, und ich glaubte in ihnen einen Rest von Feuer zu sehen – ich ahnte etwas von dem Mann, der er einmal gewesen sein musste. Ich freute mich jeden Tag auf die Zeit mit ihm, lernte ihm Fragen zu stellen, auf die er mit Kopf nicken oder verneinend antworten konnte. So fuhr ich ihn an meinem letzten Arbeitstag zu unserer Hauskapelle. Ich schob ihn in den Altarraum, ganz nach vorn. Wir waren allein in dieser Stille, die uns so spürbar umfing, als trügen wir denselben Mantel. Mit dem Blick zur Madonna, die in gotischer Schönheit links vom Hauptaltar stand, kam es unerwartet von seinen Lippen: „Ma-ri-a". Die Buchstaben fielen stockend und langsam, wie kleine Holzstücke, die im Bruchteil von Sekunden zu Boden gehen. Ich begann ein Marienlied zu singen. Ein Lied für diesen alten, gebrechlichen Mann – für ihn allein. Ich hatte mich neben ihn auf einen Stuhl gesetzt: Er schaute mir in die Augen, auf den Mund, als würde er versuchen, mich in sein Inneres einzulassen. Es hatte sich zwischen uns eine solche Innigkeit niedergelassen, dass mir Tränen aufstiegen. Wieder im Zimmer, gebettet zwischen stützenden Kissen, lag er, ich noch an seinem Bett, um mich zu verabschieden, legte meine Hand neben seine, die auf der Bettdecke ruhte. Ich tat es vorsichtig. Nur unsere kleinen Finger berührten sich wie zufällig, als er plötzlich seine Hand auf meine legte. Gleichzeitig führte er seine Rechte an meine Stirn, ungelenk und langsam, und zeichnete mir ein Kreuz. Bevor ich gegangen bin, habe ich noch seine Wange gestreichelt.

Hospizmitarbeiter Sigi Kaiser erinnert sich an Momente unbeschreiblicher Freude.

Sigi Kaiser

Ein ganzer Felsen

Als ich eines Abends heimkam, sagte meine Frau: „Ich sollte einen Mann anrufen." Ich werde morgen zurückrufen, es ist doch schon nach 20 Uhr. „Er wartet aber auf deinen Rückruf!"

Ich rief an. Ein hörbar erleichterter Mann sagte Danke und erzählte mir von seinem Leid:

Seine Gattin ist an Leukämie erkrankt und befindet sich im Endstadium. Er macht alles für sie, er kann kochen, den Haushalt besorgen, die Windeln wechseln – er ist 24 Stunden für sie da. Das macht ihm nichts aus, nur in letzter Zeit wollte sie immer öfter über das Sterben sprechen – und das hält er nicht aus. Immer wenn es soweit ist, geht er in die Küche und weint.

Auch beim Erzählen hörte ich ein Weinen. Ich hörte ihm nur zu, als er plötzlich sagte: „Jetzt hören Sie mir über eine Stunde zu, was Ihnen das kostet."

Über das Finanzielle, sage ich ihm, brauchen wir beide uns keine Sorgen zu machen, denn unser steirischer Hospizverein hat großartige Sponsoren.

Als Nächstes kam: „Und Ihre Zeit – es ist auch schon spät."

Meine Antwort: „Wenn es Ihnen guttut, gibt es einfach eine Fortsetzung. Falls es Euer gemeinsamer Wunsch ist, komme ich Euch einmal besuchen."

Ich hörte ihn tief atmen, danach wie befreit sagen: „Jetzt ist mir nicht nur ein Stein vom Herzen gefallen, sondern ein ganzer Felsen."

Danach war es still, erst nach einiger Zeit hörte ich ein „Klick".

„Heute gehe ich nicht zum Opa"

Im Rahmen unseres Besuchsdienstes auf der Palliativstation im LKH Leoben kannte ich schon über einen längeren Zeitraum einen Patienten. Solange er in der Lage war, wollte er immer ein Bummerl mit mir spielen.

Seine einzige alleinerziehende Tochter kam mit ihrem zehnjährigen Sohn, seinem einzigen Enkel, regelmäßig zu Besuch. Im Gespräch mit der Tochter fragte ich einmal, wie sie es ihrem Sohn sage, dass der Opa sterben werde. „Wir beide sprechen über alles, auch dass er irgendwann sterben muss", antwortete sie.

Dann kam der Tag, die Tochter war im Zimmer, der Bub stand schon längere Zeit vor unserem Aquarium. Im Vorbeigehen berichtete mir die Tochter leise: „Im Lift, auf der Fahrt zur Palliativstation, sagte er zu mir: Heute gehe ich nicht mithinein zum Opa."

Es ließ mir einfach keine Ruhe, ich ging zu ihm hin und fragte: „Gehst heute nicht zu deinem Opa?" Kurze Antwort: „Nein". Ich sagte ihm. „Du weißt es, du bist dem Opa wichtig – er liebt dich über alles! Und wenn du heute hineingehst, machst ihm die größte Freude. Du weißt es noch nicht, aber ich kann dir sagen, auch für dein weiteres Leben wird das von großer Bedeutung sein."

Der Bub antwortete nicht. Ich hatte den Eindruck, dass er nur die Fische sah. Fast hatte ich das ungute Gefühl, mich zu weit aus dem Fenster gelehnt zu haben. Irgendwann kam die Tochter am Gang auf mich zu und berichtete, dass es ihrem Vater nicht mehr gut gehe und dass er nicht mehr ansprechbar sei. Unter Tränen sagte sie: „Auf einmal geht die Tür auf und mein Sohn kam herein, ging zu seinem geliebten Opa, hielt seine Hand und sagte ihm: Opa, wenn der weißhaarige Herr da draußen vom Hospizverein mit mir nicht gesprochen hätte, wäre ich zu dir nicht mehr hereingekommen."

In diesem Moment war meine Freude unbeschreiblich.

Hilde Wagner: „Viele Wegbegleiter haben mir geholfen.“

Hilde Wagner

„Die Augen, die mich ansehen, sind ein Geschenk"

Im Alter von neun Jahren erkrankte mein kleiner Bruder an einer zur damaligen Zeit nicht genau diagnostizierbaren Krebserkrankung. Das war vor 40 Jahren. Ich war damals elf Jahre alt. Diese Zeit war für meine Eltern, meine Brüder und für mich eine Zeit der Hoffnung und letztlich großer Traurigkeit. Mein Bruder verstarb; er ist einfach zu Hause eingeschlafen. Ich verlor nicht nur meinen Bruder, sondern auch mein Gottvertrauen. Dieses Erlebte hat mich veranlasst, auf die Suche zu gehen, mein Gottvertrauen wiederzufinden.

Viele Wegbegleiter haben mir dabei geholfen. Vor einigen Jahren bin ich meinem Herzenswunsch gefolgt und habe die Hospizausbildung gemacht. In dieser Ausbildung bin ich auch dem Tod meines Bruders sehr nahe gekommen. Wie gut es mir nach vielen Jahren tut, dass mir jemand zuhört; meinen Verlust und meine Trauer aushält. Mein Wunsch, durch mein Erlebtes für Kinder und Familie einfach da zu sein, hat sich mit dem Lehrgang „Kinder gut begleiten" erfüllt.

Meine Aufgabe in der Kinderbegleitung ist – einfach wertfrei und achtsam da zu sein. Für das Kind, die Familie, die Freunde. Ein Stück mitgehen, lachen, weinen und DASEIN.

Bei der Erwachsenenbegleitung erzählen die Menschen von der Vergangenheit, ihrer Erkrankung und was noch zu tun ist. Ein Kind ist im Jetzt – im Augenblick.

Mein Erlebtes in der Kinderbegleitung verarbeite ich mit meinem Grundgedanken – ich bin dankbar, dass ich Zeit schenken darf und Vertrauen geschenkt bekomme.

Ein Lächeln, wenn auch noch so klein, die Augen, die mich ansehen, sind ein Geschenk, das Kraft und Hoffnung gibt. Ich wünsche mir, dass viele Eltern den Mut haben, eine Hospizbegleitung anzunehmen. Wir können die Trauer und den Schmerz nicht nehmen, aber ich weiß, dass es guttut, wenn jemand da ist, der einfach zuhört und die Trauer aushält.

Gertrude Felgitscher: „Die Augen sind der Spiegel der Seele.“

Gertrude Felgitscher

Ein Stern, der deinen Namen trägt

Als ob es erst gestern gewesen wäre, so gut erinnere ich mich an die erste Begegnung mit Herrn D. auf der Palliativstation. Gestern, heute, morgen … Zeit spielte in diesen Augenblicken keine Rolle, es war, als ob es gar keine Zeit gäbe. Es waren herzberührende Momente.

„Die Augen sind der Spiegel der Seele", sagt ein bekanntes Sprichwort, und es war tatsächlich so, als ob wir uns auf dieser Ebene treffen und wir uns schon ewig kennen. Ist das möglich? Herr D. bat mich, bei ihm Platz zu nehmen, und meinte, er freue sich über das Lächeln, das ich ihm mitgebracht habe. Dann begann er aus seinen letzten 77 Jahren zu erzählen.

Sein körperlicher Zustand erlaubte es ihm sogar, mich an diesem Nachmittag zwei Stunden lang an seinem Leben teilhaben zu lassen. Er erzählte von seiner schweren Kindheit, von seinen Familien, seinen Reisen, seiner Erkrankung, seiner Lebenseinstellung, seiner Sicht des Sterbens, vom Übergang seines physischen Körpers in eine andere Energieform. Wir reichten uns die Hände, so ergriffen waren wir beide von unserem Austausch. Einem Austausch in Worten und in der Stille, im Verstandensein, ohne immer alles auch verstehen und erklären zu wollen.

Herr D. meinte, wenn er diesen Körper verlässt, dann wird ein kleines Universum auf Mutter Erde verschwinden. Und ich antwortete ihm: „Ihre Liebe und Ihre Herzensenergie gehen niemals verloren. Auch ein Stern leuchtet weiter, obwohl er nicht mehr existiert. Dankbar werde ich mich daran erinnern, dass ich Sie auf meinem Lebensweg treffen durfte, an unser Gespräch, an unsere Herzensverbindung und an Ihre Botschaft." Während Herrn D. Tränen über die Wangen liefen, meinte er dankbar: „Jetzt weiß ich, welche Bedeutung das Lied ‚Ein Stern, der deinen Namen trägt' zum Ausdruck bringt."

Maria Freissling: „Tanzen konnten wir nicht mehr, aber wir haben gesungen.“

Maria Freissling

„Ich brauche noch eine Fuhre Holz für den Winter!"

Mein erster Besuch bei Herrn Z. war ein Gespräch mit den pflegenden Angehörigen, Herr Z. saß im Rollstuhl und war nicht ansprechbar. Ich dachte, diese Begleitung wird wohl eine nonverbale werden. Der nächste Besuchstermin brachte eine große Überraschung. Herr Z. saß wieder in seinem Rollstuhl und erwartete mich bereits. Es interessierte ihn sehr, wer ich bin und woher ich komme. Er war aber auch nicht zurückhaltend, mir von ihm zu erzählen. In den zwei Stunden unseres Zusammenseins hat mir Herr Z. viel von seinem Leben erzählt; in der Jugendzeit hat er sehr gerne getanzt und mit viel Liebe und Hingabe um seine Landwirtschaft gekümmert. Seine besondere Fürsorge galt seinen Wäldern.

Als ich mich dann verabschiedete, fragte ich ihn, ob ich in einer Woche wiederkommen darf? Er meinte: „Natürlich, ich freue mich schon jetzt." Auf meine Frage, ob ich etwas mitbringen soll, meinte Herr Z.: „Ja, eine Motorsäge, damit wir gemeinsam vom Wald noch eine Fuhre Brennholz für den kommenden Winter holen können." Lächelnd musste ich ihm gestehen, dass ich leider keine Motorsäge habe. Er meinte: „Macht nichts, ich werde schon eine organisieren."

Ich war tief berührt, dass Herr Z. mich so nahe in seinen engsten Lieblingsbereich, seinen geliebten Wald, mitnehmen wollte.

Tanzen konnten wir zwei nicht mehr, aber gesungen haben wir schon.

Beim Lied „Wann du durchgehst durchs Tol, he Bua jauchz noch amol" hat er immer gerne eingestimmt.

Die Fuhre Holz haben wir nicht mehr heimgebracht, aber Herr Z. konnte bis zu seinem Heimgang liebevoll gepflegt leben.

Hospizmitarbeiterin Andrea Strimitzer mit Omam.

Andrea Strimitzer

„Bitte, begleit uns die Omam"

Im Herbst des Jahres 2014 änderte sich von einer Minute auf die andere das Leben der Familie S. im Ausseerland. Eine junge Frau verlor ihren zukünftigen Ehemann, den Vater der gemeinsamen kleinen Mädchen Emely und Elena, die Familie ihren Sohn und Bruder, eine Oma ihren Enkel.

So wurde ich gebeten, die Familie einige Tage nach dem Begräbnis zu besuchen, die Witwe mit den Kindern erwartete mich. Fassungslosigkeit, Schweigen und doch viele Fragen standen teilweise unausgesprochen im Raum. Existenzängste waren spürbar, wohnte man doch erst einige Zeit in dem gemeinsam neu erbauten, noch nicht fertigen Haus.

Es war schwer, etwas in Worte zu fassen, wichtig war, Mitgefühl zu geben und vor allem auf Fragen für die nächste Zeit einzugehen. Wann Papa wieder komme, fragte Emely, wie alles weitergehe, was alles welchen Sinn habe, waren die Fragen der Witwe.

In die Stille und emotional sehr fordernde Stimmung stellte ich dann die Frage: „Was wünscht Ihr Euch denn von mir, was könnte ich für Euch tun?" Daraufhin bat mich die Mutter des Verunglückten: „Schau doch bitte hin und wieder einmal zu unserer Omam, sie ist sonst so allein, weil jeder mit sich und seiner Trauer beschäftigt ist."

Ich begleite nun die „Omam" fast ein Jahr, wir führen Gespräche, gehen spazieren oder sitzen in ihrem wunderschönen Garten. „Ich freue mich auf deine Besuche", sagt sie zu mir, erzählt viel von ihrem Enkel, der großen Familie und freut sich, wenn die Urenkel neben ihr auf der Schaukel sitzen oder durch den Garten laufen. „Das Leben geht weiter", sagt sie mit Tränen in den Augen, „aber anders."

Sissi Maier und Hospizmitarbeiterin Irmgard Bauer.

Sissi Maier

Eine wundervolle Freundschaft

Mein Name ist Sissi Maier, ich bin 48 Jahre alt, habe zwei fast erwachsene Söhne und bin verheiratet. Seit 2002 leide ich an Brustkrebs. Seit 2012 an Knochen- und Leberkrebs, wobei ich seit dieser Zeit palliativmedizinisch betreut werde.

Im September 2014 hatte ich das Glück, dass sich bei mir eine ehrenamtliche Hospizbegleiterin aus unserer Gemeinde vorstellte. (Wir kannten uns eigentlich schon aus der Grundschulzeit unserer Kinder, hatten aber bis zu diesem Zeitpunkt keinen persönlichen Kontakt.) Seit dieser Zeit kommt sie einmal in der Woche zu mir.

Ich war anfangs sehr skeptisch, was mich da erwarten würde, aber dann passierte etwas für mich ganz Unerwartetes: Zwischen mir und meiner Hospizbegleiterin entwickelte sich eine wirklich wundervolle Freundschaft. Es war plötzlich jemand da, der sich um mich kümmerte, ohne etwas dafür zu verlangen. Jemand, der mein Leiden mit mir teilte, der mich auch oft zum Lachen brachte – auch wenn mir danach gar nicht zumute war, der für mich manchmal meine Einkäufe erledigte, mit mir zum Arzt fuhr und mir meine Einsamkeit vertrieb. Sie ist einfach immer für mich da, und es gibt keinen Dienstag (= UNSER TAG!!!), den ich missen möchte. Wir reden sehr viel – vor allem über meine Sorgen und Probleme –, und sie versucht, so gut es ihr möglich ist, mir mit Rat und Tat zur Seite zu stehen.

Wenn es mir zwischendurch etwas besser ging, machten wir hin und wieder auch kleine Ausflüge oder besuchten eine Ausstellung in der Nähe.

Ich habe durch sie gelernt, was Freundschaft, Vertrauen, Spaß – trotz meiner Krankheit – heißt!

Durch meine Krankheit habe ich viele Freunde verloren, aber eine sehr gute Freundin gewonnen. Das macht mich sehr glücklich!

Margit Urbano begleitete ihren Mann in seiner schwersten Lebensphase.

Margit Urbano

Nicht allein sein mit seinen Sorgen

Wenn ich zurückdenke, begann ich bereits im Herbst 2009 Veränderungen bei meinem Mann zu bemerken. Als er ab Weihnachten bis Ende Jänner an dauernden starken Kopfschmerzen litt, brachte ich ihn ins Krankenhaus.

Mit der Diagnose Glioblastom änderte sich unser Leben schlagartig, und von diesem Tag an war mein ganzes Denken und Tun darauf konzentriert, für ihn da zu sein und ihn zu unterstützen.

Die Operation am Kopf und das ganz langsame Ausdehnen des Tumors im Gehirn bedeutete, dass mein Mann ab sofort in vielen Dingen sehr eingeschränkt war und ganz viel Begleitung und Unterstützung benötigte. Als nach eineinhalb Jahren die Lähmungserscheinungen in seinem linken Bein stärker wurden und er ein halbes Jahr später kaum noch gehen konnte, war meine Hilflosigkeit und Verzweiflung oft groß. Mein Mann konnte zu dieser Zeit auch schon lange nicht mehr ausdrücken, wie es ihm ging, in seinen Augen sah ich aber oft seine Angst und dass er wusste, was mit ihm geschieht.

Als ich damals Kontakt mit dem mobilen Palliativteam aufnahm und zu dieser Zeit Frau Dr. Wagner zum ersten Mal traf, erkannte ich, dass ich mit meinen Sorgen nicht allein bin.

Sie bot mir damals an, dass ich meinen Mann ins Tageshospiz bringen könne. Dieses Angebot war für mich eine große Entlastung, und mein Mann fühlte sich dort sehr wohl. Er wurde von den Schwestern und den ehrenamtlichen Mitarbeitern auf der Hospizstation liebevoll umsorgt.

Die Betreuung und Pflege meines Mannes zu Hause wurde durch die Verschlechterung seines Zustandes immer intensiver, ich hatte mir aber vorgenommen, ihn bis zu seinem Lebensende bei mir zu haben.

Die körperliche und psychische Belastung wurde mir im Juli 2012 zu groß. In dieser Situation hatte ich das große Glück, dass mein Mann in der Hospizstation aufgenommen wurde.

Die Entscheidung, meinen Mann der Betreuung des Hospizteams zu überlassen, war sehr schwer für mich. Dr. Wagner, alle Krankenschwestern und MitarbeiterInnen des pflegenden Personals haben ihn aber auf so einfühlsame und liebevolle Weise betreut. Zum ersten Mal strahlte er eine innere Zufriedenheit aus, und ich sah, dass es ihm gutgeht.

Ich konnte miterleben, wie an diesem Ort auf die individuellen Bedürfnisse meines Mannes eingegangen wurde, und ich wusste, dass hier alles getan wird, um ihm ein würdevolles Sterben zu ermöglichen.

Es war mir bald klar, dass ich die beste Entscheidung für meinen Mann getroffen habe.

Er wurde hier so achtsam und respektvoll behandelt, und mir war es möglich, ihm so viel mehr körperliche und emotionale Zuwendung zu geben, als ich ihm bei einer intensiven Betreuung zu Hause hätte geben können. Als ich sein Zimmer mit persönlichen Erinnerungen gestaltete und ein zweites Bett für mich hineingestellt wurde, fühlte ich mich hier wie zu Hause.

Alle Mitarbeiter auf der Hospizstation nahmen soviel Rücksicht, wenn ich bei meinem Mann war. Wie oft hat Frau Dr. Wagner sich Zeit für mich genommen, sodass ich mich mit all meinen Sorgen wahrgenommen fühlte.

Mich verbinden so viele wunderschöne, aber auch ganz schwere Erinnerungen mit der Zeit meines Mannes auf der Hospizstation, und es fällt mir schwer, sie in Worte zu fassen.

Als er einmal im Rollstuhl saß und ich zur Begrüßung von hinten kommend die Arme um ihn legte, sagte er: „Wer ist denn das liebliche Wesen?" Und auf meine Antwort: „Ja, wer ist denn das liebliche Wesen?", sagte er: „Die allerliebste Ehefrau". Diesen Moment werde ich mein Leben lang nicht vergessen.

Eine der schwersten Erinnerungen ist wohl, als unsere Kinder und ich bei ihm waren und er mit einem tieftraurigen Ausdruck in den Augen sagte: „Ich bin so traurig." In diesem Augenblick konnte ich nur erahnen, wie tief sein Schmerz und seine Sorge, uns allein zurücklassen zu müssen, wirklich waren.

Am 10. März 2013 feierte mein Mann seinen letzten Geburtstag. Ich organisierte gemeinsam mit unseren Kindern ein Geburtstagsfest im Tageshospiz, zu dem alle unsere Freunde kamen. Mein Mann hat an diesem Tag gestrahlt und glücklich ausgesehen. Die Angst, die ich oft in seinen Augen lesen konnte, war verschwunden.

Das Hospiztagebuch, in das Frau Dr. Wagner und viele MitabeiterInnen auf der Hospizstation berührende Worte schrieben, ist für mich heute eine ganz wertvolle Erinnerung.

Die empathische Begleitung meines Mannes an seinem Lebensende auf der Hospizstation war für mich die größte und schönste Erfahrung.

Vieles, was ich in dieser Zeit empfunden habe, lässt sich nur schwer in Worte fassen.

Vielleicht am ehesten mit Dankbarkeit.

Dankbar dafür, dass mein Mann so gut aufgehoben und betreut wurde, dass Frau Dr. Wagner in schweren Momenten für mich da war und ich als Angehörige wahrgenommen und aufgefangen wurde.

Ich hoffe, ich konnte meinem Mann in seiner letzten Lebensphase genug Zuwendung geben, denn ich habe von ihm unendlich viel bekommen, und vielleicht habe ich ihm gemeinsam mit den großartigen Mitarbeitern der Hospizstation geholfen, auf gute Art zu sterben.

Christine Gerlach über ihre Freundin: „Sie wird immer in meinem Herzen sein."

Christine Gerlach

Einer dieser besonderen Magneten

Mit Freude und einem warmen Gefühl in meinem Herzen denke ich so gern an die schöne Zeit mit meiner lieben Freundin Ingeborg zurück. Sie hat ihr Erdenleben beendet, genau an dem Tag, an dem ich eine große Reise begonnen habe. Aber Zeit zum Abschied nehmen blieb mir.

Sie lag entspannt auf ihrem Bett, wunderschön, strahlend, voller Ruhe und Frieden, dankbar für das Gewesene. Zwei ihrer Töchter waren da, sie wussten Bescheid über den Gesundheitszustand ihrer Mutter. Liebevoll haben sie sie betreut, uns aber zum Abschiednehmen allein gelassen. Ingeborg war ansprechbar, nur das Öffnen ihrer Augen fiel ihr schwer. Sie meinte: „Ich bin so müde, bin so froh, wenn ich meine Augen schließen darf." Sie hatte keine Angst davor, sie hatte Zeit, Frieden zu schließen: mit der Vergangenheit, mit ihrem Umfeld, mit sich selbst.

Sie war schon öfters dem Tode sehr nahe, lag im Koma. Wachte auf und musste sich ins Leben zurückhanteln. Hatte die Kraft und den Willen, natürlich auch die Unterstützung der Familie, weiter zu gehen. Sie wusste nur, zu Hause ist es zu schwierig. So entschied sie sich das erste Mal in ihrem Leben, Hilfe anzunehmen, und ging optimistisch und voller Dankbarkeit ins Pflegezentrum.

Sie war hier sehr glücklich, sie war einer dieser besonderen Magneten, ein Mensch, warmherzig, mitfühlend, besorgt und strahlend, immer mit einem Lächeln. Sie hat alles gegeben, für ihren Mann und ihre Familie. Aber hier im Pflegezentrum hatte sie endlich Zeit für sich. Für ihre neuen Freunde, für das In-sich-selbst-Ruhen. Für das Abschiednehmen. Für das dankbare Annehmen, ohne zu hadern auf ein Leben zurückzublicken.

Ich habe viel von ihr gelernt. Vor allem das bewusste Dankbarsein, für jeden Tag, den ich mit offenen Augen mit einem Lächeln auf meinen Lippen sein darf. Sie wird immer in meinem Herzen sein.

Hospizmitarbeiterin Roswitha Fraiss beschreibt einen stolzen sterbenden Bergbauer.

Roswitha Fraiss

„Es ist halt so"

Eines Tages erhielt ich einen Anruf vom mobilen Palliativteam, meine Hilfe wurde benötigt.

Ich solle einen alten Bergbauern besuchen. Herr R. befand sich im Endstadium seiner Krebserkrankung. Er wurde zu Hause liebevoll von seiner Gattin gepflegt mithilfe von Hauskrankenpflege und mobilem Palliativteam.

Das Krankenbett des alten Bauern wurde in der Stube aufgestellt, so konnte er immer unter seinen Lieben sein und am Alltag teilnehmen.

Vorsichtige Gespräche über das unübersehbare Ende des Lebens wurden von der Gattin sofort abgeblockt. Einerseits wollte die Frau es nicht wahrhaben, anderseits war ja der Mann immer anwesend.

Beide hatten niemals über seine Krankheit oder sein Sterben geredet. Die Kinder vermieden ebenfalls Gespräche über den Tod. Auf die Frage, wie es ihm so gehe, antwortete er kaum.

Wurde er direkt auf seine Erkrankung angesprochen, sagte er nur: „Da gibt es nichts zum Reden, es ist halt so. Der Hergott gibt, der Hergott nimmt."

Meine Aufgabe war es nun, den alten, brummigen Herrn zu unterhalten, damit ein Gespräch mit der Gattin zustande kommen konnte, um den bevorstehenden Tod anzusprechen.

Ich blieb bei Herrn R. in der Stube, und unter dem Vorwand, dass die Kollegin unbedingt den schönen Bauerngarten der Gattin sehen wollte, verließen die beiden die Bauernstube.

Langsam und vorsichtig begann ich unser Gespräch. Was sollte ich ihn fragen? Was sollte ich ihm erzählen? Würde er mir überhaupt zuhören?

Herr R. war früher sehr gesellig gewesen, er war sehr gern Gast in unserem Dorfwirtshaus.

So begann ich unser Gespräch mit Neuigkeiten aus dem Dorfleben, wer in letzter Zeit geheiratet hat, welcher Nachbar ein Enkelkind bekommen hat, wer sich einen neuen Traktor gekauft hat.

Ich staunte über das große Interesse des Herrn R. an seiner Umgebung, und unser Gespräch wurde immer angeregter, immer wieder lächelte er verschmitzt.

Er wollte wissen, ob die alte Lammerbäuerin noch lebt oder schon gestorben ist, ob sich die Zeburinder des anderen Nachbarn schon vermehrt haben, warum die alte Seppbäuerin von zu Hause weggezogen ist und vieles mehr.

Gegen Ende unseres Gespräches wurde er nachdenklich, sein verschmitztes Lächeln verschwand. Ich schaute ihn an und schwieg.

Er begann leise zu sprechen. „Weißt du, ich weiß genau, dass ich bald sterben werde, aber warum will ein jeder mit mir darüber reden? Meine Frau und ich haben uns immer ohne viele Worte verstanden, sie weiß es und fühlt es auch so, dass ich gehen werde. Und die Kinder sollen sich nicht darum kümmern, wie viel oder wenig ich heute gegessen habe, die sollen sich um die Mutter kümmern. Ich möchte wissen, was es im Dorf Neues gibt, ob wir eine gute Heuernte haben werden und wie viel Stück Vieh auf die Alm kommt. Meine Krankheit wird von der vielen Rederei nicht geheilt, und ich werde daran sterben. Bis zum Schluss möchte ich behandelt werden wie ein Vater und nicht wie ein kranker alter Mann."

So endet unser Gespräch nach eineinhalb Stunden.

Vor mir liegt ein stolzer sterbender Bergbauer, und er lächelt mich wieder an.

Maria Trummer: „Es bleibt eine große Lücke."

Maria Trummer

Was bleibt, ist eine große Lücke

Frau Maria Bernhard kam am 16. März 1999 in unser Haus und wurde 16 Jahre lang gepflegt. Am 27. Juni 2015 verstarb Frau Bernhard.

Donnerstag, 27. Februar 2011, 18.15 Uhr: Frau Bernhard röchelt, beginnt zu krampfen und ringt nach Luft. Sie wurde von der Rettung sofort ins LKH Feldbach gebracht und erstversorgt. Diagnose: Herzinfarkt und zwei Krampfanfälle.

Nach Schädel-CD, Lungenröntgen, EKG und gründlicher Untersuchung teilte mir der Arzt mit, dass Frau Bernhard die Nacht nicht überleben wird. Ich verständigte ihre Schwester. Diese kam auch sofort.

Hoffen und Bangen wechselten sich ab. Ihre Schwester war sehr verzweifelt, und die Tatsache, dass sie nun Maria bald verlieren könnte, quälte sie sehr. Nur mit Mühe konnte ich sie beruhigen.

Ich setzte mich zu Frau Bernhard ans Bett und begann mit ihr zu sprechen. Ihr Zustand verbesserte sich so sehr, dass ihre Schwester und ich um zwei Uhr in der Früh das Krankenhaus verlassen konnten.

Bei meinen täglichen Besuchen hatte ich dabei eine sehr tief gehende Begegnung.

Ein Mann wurde mit seinem Bett auf den Gang geschoben. Er war sehr unruhig und verlangte lautstark nach einem Patientenanwalt. Ich fragte die Schwester, ob ich zu ihm gehen darf. Er erzählte mir von seinem schweren Schicksal. Seine Frau war vor zwei Wochen an Krebs verstorben.

Es war ein sehr emotionales Gespräch. Ich hörte ihm zu, und er wurde ruhiger. Dass ich DA WAR und ihm zuhörte, hat ihm sehr gut getan. Ich verabschiedete mich von ihm. Vierzehn Tage nach dieser Begegnung las ich seine Todesanzeige.

Als Frau Bernhard wieder zu uns „nach Hause" kam, konnte ich die Sondennahrung einstellen und ihr wieder ihr Lieblingsessen geben.

In den 16 Jahren gab es viele gesundheitliche Auf und Ab. Die Behörden legten mir einmal eine Geldstrafe auf und wollten, dass ich Frau Bernhard in ein Heim gebe. Für mich kam dies nicht infrage, ich bezahlte die Strafe, denn ich wusste, dass ein Weggeben ihren frühen Tod bedeuten würde.

Die letzten Tage von Frau Bernhard:
Drei Wochen kämpfte sie sehr stark mit dem Schleim. Es war ständige Anwesenheit erforderlich. Sie spürte sehr stark, wenn jemand bei ihr war, mit ihr sprach und sie berührte. Meine Stimme erkannte sie sofort, und sie schaute mich mit großen Augen an.

Ihre letzte Nacht verbrachte ich mit einer Sitzwache bei ihr. Diese Nacht war sehr berührend für mich.

Um zehn Uhr am Vormittag verstarb Frau Bernhard bei mir zu Hause in gewohnter Umgebung nach 16 schönen, aufregenden und dankbaren Jahren.

Frau Bernhard hinterlässt eine große Lücke in meinem Leben.

Im Dulden warst du Engeln gleich,
trugst standhaft deine Schmerzen.
Gott schenke dir das Himmelreich
und Friede deinem Herzen.

Gertrud Kurz

Weil Du mit Steinen Deinen Namen geschrieben hast

Sehr lange begleitete ich eine hochbetagte, aber geistig sehr rege Dame in einem Pflegeheim. Sie war Wienerin und kam gemeinsam mit ihrem Mann in dieses Pflegeheim in der Steiermark. Als ihr Mann verstarb, fühlte sie sich einsam und äußerte immer wieder Selbstmordgedanken. Ihr Sohn lebte in Wien und kam sie nur alle drei Wochen besuchen. Aus diesem Grund kontaktierte eine Pflegeperson das Hospizteam mit der Bitte um eine Begleitung.

Ich erklärte mich dazu bereit und fuhr einmal in der Woche in das Heim, um Frau F. zu besuchen. Sie freute sich immer sehr, wenn ich kam, und begrüßte mich meistens mit den Worten: „ Ich hab gerade soooo intensiv an Dich gedacht, und nun bist Du wirklich gekommen."

An schönen Besuchstagen machten wir mit dem Rollstuhl eine Ausfahrt in den Ort, in die Kirche, auf den Friedhof, und zum Abschluss kauften wir noch ein Eis im Kaffeehaus, immer nur Vanilleeis mit Schlag. Besondere Freude hatte sie, wenn wir bis ans Ende des Dorfes fuhren, um eine ehemalige Kollegin von mir zu besuchen, vor allem wenn sie zu Hause war und uns auf einen Kaffee einlud.

Einmal wollten wir wieder diese Kollegin besuchen, sie war aber nicht zu Hause. Nun wollte ich gern eine Nachricht hinterlassen, hatte aber weder Zettel noch Kugelschreiber mit. Also hab ich kurzerhand mit Kieselsteinen meinen Namen in den Eingangsbereich geschrieben. Frau F. war begeistert und fragte immer wieder, ob sich diese Kollegin wohl auskenne, wenn sie diese Steine mit meinem Namen dort sieht. Ich konnte ihr beim nächsten Besuch berichten, dass sich die Kollegin sofort ausgekannt habe.

Mit der Zeit wurde Frau F. immer kränklicher, und eine Ausfahrt mit dem Rollstuhl war nur mehr sehr selten möglich. Trotzdem wünschte sie sich sehnlichst, ihren 100. Geburtstag noch zu erleben.

In den nun folgenden drei Jahren nutzten wir die Besuche, um über ihr Leben, über die Zeit des Zweiten Weltkriegs und die Zeit danach zu reden, wir

Gertrud Kurz erinnert sich an die jahrelange Begleitung einer hochbetagten Frau.

schauten Familienfotos an – und Frau F. freute sich, wenn ich die Personen am Foto schon kannte. Wir haben gemeinsam gesungen, ich habe ihr meine kleine Katze ins Zimmer geschmuggelt, sie hat mir immer wieder Fragen gestellt, die ich nicht immer gleich beantworten konnte. Dann hab ich zu Hause ihre Fragen im Internet recherchiert, und beim nächsten Mal konnte ich ihr diese Fragen beantworten. Sie war fasziniert, dass es ein Gerät gibt, wo man eine Frage oder ein Stichwort eingeben kann und dann die richtige Antwort bekommt. Sie hat mir Briefe diktiert, die wir an diverse Verwandte geschickt haben, und ich habe ihr immer wieder die Antwortschreiben vorlesen müssen. Gedichte von Heine, Hesse, Goethe hörte sie sich immer sehr gern an und konnte viele auch auswendig.

Als meine Mutter sehr krank wurde, war ihre erste Frage, wenn ich kam: „Wie geht's Deiner Mutti?" Und wenn ich ging, sagte sie immer: „Lass Deine Mutti sehr, sehr, sehr lieb grüßen."

Ein Jahr vor ihrem 100. Geburtstag flog ich drei Wochen zu meiner Tochter nach Amerika. Frau F. ging es zu dieser Zeit gesundheitlich gar nicht gut, und sie meinte, in drei Wochen lebe sie nicht mehr. Ich sagte ihr, dass ich sie schon noch gern besuchen würde, wenn ich wieder zurückkomme, und außerdem wollten wir doch den 100. Geburtstag gemeinsam feiern. Da meinte sie: „Na gut, dann werde ich versuchen, auf Dich zu warten."

Als ich zurückkam, fuhr ich am nächsten Tag ins Pflegeheim. Als ich das Zimmer betrat, lag sie im Bett, hielt die Augen geschlossen und reagierte weder auf Ansprache noch auf Berührung. Ich saß einige Zeit still am Bett, und als ich dann wieder gehen wollte, begann ich ihr zum Abschied ein Lied vorzusingen. Plötzlich begann sie mit einer ganz tiefen Stimme das Lied mit zu singen. Ich freute mich und war zu Tränen gerührt. Da kam eine Schwester herein, die das Singen gehört hatte, und war erstaunt. Sie erzählte mir, dass es Frau F. die ganze Zeit sehr schlecht gegangen war, sie hatte nicht mehr gesprochen, und der Hausarzt meinte, dass sie wohl die nächste Nacht nicht überleben werde. Da sagte Frau F. plötzlich: „Ich habe aber immer daran gedacht, wie Du mit Steinen Deinen Namen geschrieben hast."

Da sind mir die Tränen dann wirklich über die Wangen geronnen.

Frau F. verstarb zwei Monate vor ihrem 101. Geburtstag.

Greta Augustin: „Mit Worten der Bewunderung kann man Augen wieder zum Strahlen bringen."

Greta Augustin

Wenn Augen wieder strahlen

Meine erste Patientin war Frau K. Eine Schlaganfall-Patientin. Linksseitig gelähmt. Die rechte Hand war am Anfang sehr unruhig, Sie ließ sich aber mit Streicheln und netten Worten beruhigen. Sie hat fast nichts gesprochen, und ein paarmal sagte sie Danke. Vor allem wenn ich ihre schönen blauen Augen bewundert habe, kam ein Lächeln über ihr Gesicht. Ich merkte nicht nur bei ihr, dass man mit lieben Worten der Bewunderung die Augen wieder zum Strahlen bringen kann. Das ist etwas Wunderbares, Menschen zu zeigen, wie schön sie sind. Kleine Eigenschaften zu sehen und diese zu bewundern bringt sehr viel.

Ich besuchte sie immer wieder, und jedes Mal freute sie sich, mich zu sehen, auch ich habe mich gefreut. Am Montag, dem 2. Juni, wurde sie in ein Pflegeheim verlegt. Es war mir ein Bedürfnis, sie am Sonntag noch zu besuchen. Ich habe Seifenblasen mitgebracht. Es war schön zu sehen, wie sie nach den Blasen griff und nachschaute.

Auf dem Weg in ein neues Leben

Frau G. ist 52 Jahre, Gebärmutterkarzinom und Knochenmetastasen. Sie kann nicht mehr sprechen. Bin am Gang ihrer Mutter begegnet. Sie hat mich angeschaut und gesagt: Sie kommen eh bitte gleich. Sie ist sehr verzweifelt. Habe sie wieder in den Arm genommen und bin mit ihr ins Zimmer ihrer Tochter. Frau G. ist heute ganz ruhig und jammert nicht mehr, es hat den Anschein, dass sie schläft. Wehrt keine Berührungen mehr ab. Ich vermute, dass sie mit sich im Reinen ist. Das Gesicht hat sich gegenüber gestern sehr verändert, sie ist auf dem Weg in ein neues Leben.

Elisabeth Wiener bei einem Besuch bei Franz, den sie jede Woche trifft.

Elisabeth Wiener

Ein alter Schuhkarton voller Erinnerungen

Jeden Freitagnachmittag mache ich mich auf den Weg zum Franz, der von einer Krankenschwester auf einem privaten Pflegeplatz liebevoll betreut wird. Ich werde immer schon erwartet und mit einem lauten „Oh" und einem spitzbübischen Blick über den dunklen Brillenrand freundlich begrüßt.

Franz, von mir liebevoll „Franzl" genannt, sitzt im hellen warmen Wintergarten, in dem ein großes Aquarium mit vielen kleinen Fischen steht und das ganz leise vor sich hin gluckert. Er hat schon alles vorbereitet. Den leicht zerzausten Mandlkalender, den wir vor Kurzem zusammengeklebt haben und dann laut lachend feststellten, dass der Oktober jetzt vor dem April im Kalender stand, und die kleine Lupe, mit der er genau schauen kann, wie das Wetter wird und ob die Prognose von voriger Woche gepasst hat. Und dann steht da noch eine Schachtel auf dem Tisch. Ein alter Schuhkarton, Franzls Heiligtum. In dieser Schachtel bewahrt er alle seine Fotos auf, die an viele schöne, aber auch traurige Zeiten seines Lebens erinnern. Obenauf liegt das Bild seiner Mutter, darunter ihr Sterbebild. Das Schwarz-Weiß-Foto von der Firmung kommt als nächstes und dann das Familienfoto. Fünf Dirndln, zwei Buben und die geliebten Eltern.

Ein Schuhkarton voller Erinnerungen. Egal, wie oft wir gemeinsam diese alten Bilder anschauen, ich bin immer wieder berührt und erstaunt von den Geschichten, die daraus hervorkommen. Da war die Doppelhochzeit der Schwestern, das Klassentreffen mit dem ungeliebten Lehrer und die Zeit, in der der Franzl in Deutschland gearbeitet hat. Und nicht zu vergessen die Geschichte vom Pony, das heimlich ein paar Salatköpfe aus dem ebenerdigen Keller stibitzte und laut wiehernd über den Hof fegte und auch noch die Blumenpracht vor dem Haus bis auf einen schäbigen Rest abknabberte, woraufhin es schließlich verkauft wurde, ohne dass der Franz davon wusste.

Wenn schließlich das letzte Foto angeschaut wurde, legen wir sie mit großer Sorgfalt zurück in die Schachtel, obenauf immer das Bild der Mutter. So darf ich bei all meinen Besuchen immer wieder ein Stück weit in Franzls Leben hineinschauen, mitgehen und mitspüren, wie es damals war. Das erfüllt mich mit großer Dankbarkeit für sein Vertrauen und seine Offenheit. Ich bewundere den Franzl, wie er sein Leben gemeistert hat, nachdem er bei einem Unfall sein rechtes Augenlicht verlor, und obwohl ihn die Schmerzen in seinen Beinen oft die ganze Nacht wachhalten, hat er seinen Humor nie verloren.

Mittlerweile haben sich die drei schnurrenden Mitbewohner des Hauses zu uns in den Wintergarten gesellt. Tonky, der weiß getigerte Kater, Tigerldame Peperl und die schwarz-weiße Sphinxy, von Franzl „Fizzi" genannt. Franzl liebt Tiere, und sie lieben ihn.

Aus der Küche duftet es nach Abendessen, und es ist Zeit, mich zu verabschieden, bis nächsten Freitag.

Hospizmitarbeiterin Gabriele Gröblbauer mit Frau Koch, die sie in ihrer Trauer begleitet.

Gabriele Gröblbauer

Viele kleine Schritte

Ich darf von einer Trauerbegleitung erzählen, die für mich in zweierlei Hinsicht von besonderer Bedeutung ist. Erstens ist es die erste Begleitung nach meiner Ausbildung, und zweitens besteht diese Verbindung schon seit mehr als einem Jahr.

Frau Koch wurde mir von unserer Teamleiterin im Frühjahr 2014 zugewiesen. Ich erinnere mich, als ob es gestern gewesen wäre – viele Fragen gingen mir durch den Kopf! Wie wird die Dame auf mich reagieren? Werde ich den Zugang zu ihr finden? Wird sich ein Vertrauensverhältnis entwickeln? Nachdem ich an der Tür geläutet hatte, öffnete mir eine sympathische Frau, die für ihre 69 Jahre noch sehr jugendlich wirkte. Sie bat mich in ihre Küche. Frau Koch erwähnte, dass sie von der Möglichkeit dieser Begleitung gehört hätte und diese gerne annehmen möchte.

In unseren Treffen erzählt Frau Koch aus ihrem Leben. Dass sie ihren Sohn als alleinerziehende Mutter großgezogen hat und mit ihm eine innige Verbindung bis zu seinem frühen Tod mit 47 Jahren hatte. Die Schilderung seiner Krankheit – die Hoffnung auf Heilung oder auch Lebensverlängerung, die schlimmen Tage nach niederschmetternden Prognosen, die Lebensfreude, die er trotzdem ausstrahlte, die Bemühungen, sich gegenseitig zu schützen, obwohl das Unausweichliche immer näher rückt und schließlich immer stärkere Schmerzen, sodass der Tod als Erlösung gesehen wurde – lässt mich in Demut und Dankbarkeit, manchmal unter Tränen, am Schicksal von Frau Koch mitfühlen.

Die Tatsache, dass Frau Koch während der Erkrankung ihres Sohnes immer Stärke zeigte und bis zum Ende seines Leidens funktionieren musste bzw. wollte und sich erst nach dem Tod „ihres Kindes" ihrer eigenen Gefühle und vor allem des großen Schmerzes und der Leere bewusst wurde, ließ sie in ein tiefes Loch fallen, aus dem sie gewillt ist, sich mit ganzer Kraft und bestmöglicher Hilfestellung zu befreien. Sie ist sich bewusst, dass dies nur in kleinen Schritten und mit viel Geduld geschehen kann.

Renate Temmel mit ihren Kindern und ihrem Mann.

Renate Temmel

Ein Fels in der Brandung

Am 4. September 2012 wurde es für mich bittere Realität: Ich hatte eine Abortcurettage. Mein Baby wuchs leider nicht mehr, auch war keine Herzaktivität feststellbar. Knallhart.

„So etwas passiert. Es kommt häufiger vor, als Sie glauben. Auch vielen anderen Müttern ist es so ergangen…" Es machte mich wütend, auf diese Weise getröstet zu werden. Bis zum Tag der Operation wollte ich nicht daran glauben. Ich meinte sogar, dadurch mein Kind umzubringen. Dieser Horror und Schmerz lässt sich nicht beschreiben. Man kann ihn wahrscheinlich nur in wirren Worten und unter sehr viel Tränen ausdrücken. Und das habe ich auch getan.

Vom Krankenhaus erhielt ich eine Broschüre über die „Sternenkinder". Gleich beim Durchlesen dieser Broschüre flossen wieder einmal die Tränen, jedoch waren diese für mich schon befreiender. Ich bekam das Gefühl, nicht allein zu sein, dass es da jemanden gibt, der mich stützt – das Hospizteam Deutschlandsberg.

Nach meiner Entlassung aus dem Krankenhaus besuchte ich den Vorraum der Krankenhauskapelle. Da befindet sich ein Sternenhimmel, an den man, wenn man möchte, einen ganz persönlichen Stern für sein Baby anbringen kann. Ich empfand dies als sehr großen Trost. Zugegeben, an diesem Tag habe ich es noch nicht geschafft, mein Sternchen da aufzuhängen, aber aufgeschoben ist nicht aufgehoben. Wieder zu Hause, war ich in einem absoluten Gefühlschaos. Trotz meines Mannes, meiner Kinder und übrigen Verwandten fühlte ich mich furchtbar allein. Versteht mich eigentlich jemand? So nahm ich also wieder die Broschüre „Der geborgte Stern" zur Hand und kontaktierte das Hospizteam Deutschlandsberg. Und dann kam ein Engel in mein Haus:

Elisabeth Halbwirth hat mich besucht. Es herrschte für mich nach wie vor absolutes Gefühlschaos und tiefste Trauer. Wie soll ich beschreiben, wie mir Frau Halbwirth geholfen hat? Ich versuche es:

Sie wirkte für mich so sicher und ruhig, wie ein Fels in der Brandung. Ich habe viel geweint, völlig – meiner Meinung nach – unzusammenhängend erzählt, und ich sah wahrscheinlich furchtbar aus. Aber ich hatte das Gefühl, dass da jemand ist! Da ist jemand da, ganz für mich! Ich glaube, dieser Engel war über zwei Stunden hier. Sie begleitete mich in meiner Gefühlswelt bis in alle dunklen Ecken, und sie schaffte es auch, mich wieder in die fröhlichere, friedliche Welt zu bringen. Es hat so gut getan. Sie hinterließ mir eine Infomappe von „Der geborgte Stern" und erklärte sich bereit, im Falle des Falles wieder zu kommen. Das gab mir große Sicherheit. Die Zeit verging, mein Sternenkind erhielt zunehmend ein friedliches Platzerl in meinem Herzen. Es wurde etwas leichter. Besonders tröstend empfand ich dann auch die Gedenkfeier am Urnenfriedhof in Graz, welche vierteljährlich stattfindet. Natürlich flossen die Tränen wieder einmal, aber ich war einfach so unendlich dankbar.

Mein ungeborenes Baby hat einen Platz! Gemeinsam mit anderen Sternenkindern!

Derzeit fahre ich sehr oft nach meiner Arbeit zum Friedhof und besuche mein Baby. Ich erzähle ihm von meinen Gefühlen, meiner Arbeit, von allem, was mich beschäftigt, und ich weine auch. Aber diese Tränen sind für mich reinigend. Ich bin unendlich dankbar dafür. Mein Baby hat einen Platz, wo ich es besuchen kann!

Und: Mein Fels in der Brandung ist da! Elisabeth Halbwirth hat mich von sich selbst aus nochmals kontaktiert, weil sie sich um mich gesorgt hat.

Ja, es gibt sie noch: Menschen, die für andere da sind in der schlimmsten Not.

Rita Guschelbauer

Ein besonderer Geburtstag

Seit einem guten Jahr besuche ich wöchentlich eine alte Dame im Altersheim ihres Wohnortes. Sie ist noch recht rüstig, kann sich im Heim und im Garten allein bewegen und nimmt noch sehr Anteil am Alltag im Heim, vor allem an den regionalen Nachrichten und Neuigkeiten aus diversen Zeitungen.

In 14 Tagen feiert sie ihren 90. Geburtstag. Heute gehe ich wieder zur ihr:

„Grüaß di Gott, liebe Gretl – wie geht es dir denn heute?"

„Ich darf gar nicht daran denken, dass ich in 14 Tagen Geburtstag habe, da lebe ich bestimmt nicht mehr!"

„Wie kommst du denn auf den Gedanken? So rüstig, wie du bist, wird es ganz sicher eine unvergessliche Feier!"

„Ja, kann schon sein, aber nur, wenn du auch kommst!"

„Liebe Gretl, ich komme gerne – wenn du mich schon so lieb einlädst."

„Helga, ich sage dir jetzt was, ich wünsche mir nämlich auch etwas von dir."

„Gretl, da bin ich aber froh, wenn ich dir eine Freude machen kann. Ich hoffe, dass es mir möglich ist." „Du, Helga, ich habe vor ein paar Wochen etwas Wunderschönes im Radio gehört. Da wurde auch einer Frau zum Neunziger gratuliert und das Kirchenlied ,Großer Gott, wie groß bist du' gesungen", aber in Englisch. Und das möchte ich auch gerne für mich."

Zuerst habe ich mich innerlich amüsiert, wieso Gretl das Lied in englischer Sprache haben möchte. Gretl kann nämlich diese Sprache nicht. Aber warum soll ich ihr diesen Wunsch nicht erfüllen, wenn ihr das Lied in Englisch so gut gefallen hat?!

„Ja, Gretl, da werde ich mich gleich nach dem Heimkommen an den Computer setzen. Ich hoffe, dass die Zeit noch reicht, denn es sind ja nur noch zwei Wochen."

„Ja, Helga, bitte mache das. Das gelingt dir schon."

Es klappte auch. Da habe ich mich gefreut wie ein kleines Kind, dass der Wunsch auch über den Äther für Gretl in Erfüllung gegangen ist.

Ingrid Reiter

Da lächelte sie sogar...

Frau W. war 79 Jahre alt. Sie litt an ALS, eine Krankheit, bei der es zu fortschreitender Lähmung der Muskulatur kommt. Frau W. wohnte etwas abgeschieden mit ihren beiden Hunden, die ihr Ein und Alles waren. Außer mit der Tochter, die in Graz verheiratet ist, hatte sie kaum Kontakt mit anderen Menschen. Sie war es gewohnt, mit allen Problemen allein fertig zu werden, und wollte keine Hilfe von anderen Menschen annehmen. Als sie über ihre Krankheit aufgeklärt wurde, wollte sie nur eines: sofort sterben. Die Tochter war bereit, bei ihr zu bleiben und sie zu pflegen. Aber sie lehnte jede Hilfe kategorisch ab – auch die des mobilen Palliativteams. Und sie lehnte anfangs auch mich völlig ab.

Erschwerend war, dass die Krankheit einen sehr raschen Verlauf nahm. Bei meinem ersten Besuch konnte sie schon nicht mehr sprechen, eine Kommunikation war kaum möglich. Meine Hauptaufgabe war vor allem, der Tochter beizustehen. Diese stand der Situation anfangs hilflos gegenüber und war für meine Unterstützung dankbar. Nachdem sich der Zustand verschlechterte, wurde sie auf der Palliativstation aufgenommen. Da es ihr größter Wunsch war, zu Hause sterben zu können und bei ihren Hunden zu sein, war sie schließlich damit einverstanden, eine 24-Stunden-Pflege anzunehmen. Die rumänische Pflegerin wurde auf der Station eingeschult, und sie war Frau W. auch sympathisch. Nach einiger Zeit war sie auch mir gegenüber nicht mehr so ablehnend, vor allem, als ich ihr erklärte, dass ich in erster Linie für die Tochter da sein würde.

Als Frau W. nach Hause kam und ihre Hunde sie außer sich vor Freude begrüßten, lächelte sie sogar und nahm von diesem Zeitpunkt auch jede Hilfe an. Ihr Zustand verschlechterte sich sehr rasch, bald konnte sie nicht mehr schlucken und hatte auch Atemprobleme. Meine Aufgabe war es, „da zu sein". Ich war die Stütze, an der sich die Tochter anlehnen konnte. Sie wusste, dass sie mich jederzeit anrufen kann. Ich versuchte sie auf das baldige Ableben ihrer Mutter vorzubereiten, aber obwohl sie wusste, dass die Zeit sehr bald kommen würde, schob sie diesen Gedanken immer von sich weg.

Als mich die Tochter eines Tages zu Mittag anrief und sagte, dass es der Mutter sehr schlecht geht, fuhr ich sofort hin und sah, dass Frau W. im Sterben lag, sie war kaum mehr ansprechbar. Ich sagte der Tochter, dass jetzt die Zeit zum Abschiednehmen gekommen sei. Sie nickte nur, aber ich merkte, dass die Wahrheit noch nicht angekommen war. Als ich sie fragte, ob sie sich schon überlegt hat, was sie der Mutter anziehen will, sah sie mich zuerst verständnislos an – um dann plötzlich zu verstehen.

Da in der Apotheke noch etwas zu besorgen war, sagte ich, dass ich das mit der Pflegerin erledigen würde. Als ich zur Tür ging, sagte sie ganz leise: „Lasst euch Zeit." Da wusste ich, dass sie von der Mutter Abschied nehmen wird. Als wir wiederkamen, war sie sehr gefasst, und da ihr Mann auch schon gekommen war, verabschiedete ich mich. Um 21 Uhr rief sie noch einmal an und sagte mir, dass sie sich zur Mutter gelegt habe und auch die Hunde im Bett liegen. Um ein Uhr rief sie dann an, und sagte, dass die Mutter soeben verstorben sei.

Für mich war es sehr berührend zu sehen, was in zwölf Stunden in einem Menschen vorgeht. Vom Nicht-wahrhaben-Wollen bis zum Akzeptieren und Gehenlassen der geliebten Mutter.

Die Tochter war sehr froh, dass sie der Mutter den Wunsch, zu Hause zu sterben, erfüllt hatte. Aber sie meinte, dass sie es ohne mobiles Palliativteam und Hospizbegleitung nicht geschafft hätte.

Hospizmitarbeiterin Erna Gutl will Freude und Mut schenken.

Erna Gutl

Größe und Stärke

Herr S., 74 Jahre, erzählte von seiner Krebserkrankung, seinen langen Krankenhausaufenthalten und wie froh er sei, nun hier auf der Station angekommen zu sein. Hier habe er die beste Betreuung, zu Hause wären die Bedingungen nicht behindertengerecht, da er jetzt Krücken und bald einen Rollstuhl benötige.

Freunde und Familie besuchten ihn täglich; gerne erzählte er von seinem Enkel, über die sportlichen Erfolge und Trainings wusste er genau Bescheid.

Bei einem meiner Besuche sagte er: „Ich weiß, dass ich bald sterben muss, wahrscheinlich an einem Multiorganversagen." Er habe gerne gelebt, jedoch alle Vorbereitungen getroffen und seine Familie informiert, wie und wo er bestattet werden möchte. Ich sagte ihm, dass ich bewundere, mit welcher Größe und Stärke er über seinen Tod spricht. Plötzlich kamen ihm die Tränen, ich nahm seine Hand, er zeigte mir, wie groß der Tumor bereits ist und er mit diesem aus dieser Welt scheiden wird. Seine große Sorge bis zuletzt: „Wie wird meine Frau ohne mich zurechtkommen – emotional und mit den finanziellen Belastungen."

In diesem Moment habe ich mit ihm geweint.

Zuversicht und Hoffnung

Als ich ins Krankenzimmer von Frau B. kam, bemerkte ich sogleich die vielen bunten, fröhlichen Zeichnungen. Frau B. erzählte mit leuchtenden Augen von ihrer tiefen Beziehung zu ihrer Enkelin. Als das Sprechen nicht mehr gelingt, kommuniziere ich mit ihr am Bildschirm, den sie mit ihren Augen bedienen kann. Von einer Reise nach Florenz habe ich ihr einen kleinen Kalender und ein Kreuz mitgebracht. Sie schrieb mir: „Danke für die liebevollen Geschenke – der Kalender bedeutet mir Zuversicht und das Kreuz Hoffnung!"

Die Hospizbewegung und Palliative Care in Österreich und der Steiermark

Die Hospizbewegung und Palliative Care haben sich in den letzten zwei Jahrzehnten mit großer Dynamik entwickelt. War der Begriff in den 1980er-Jahren noch weitgehend unbekannt, so wurden mit Beginn der 1990er-Jahre zahlreiche Einrichtungen in ganz Österreich gegründet. Stellvertretend für die vielen Pionierinnen und Pioniere seien hier die beiden Ärztinnen Dr. Elisabeth Kübler-Ross und Dr. Cicely Saunders genannt, die mit ihrer Arbeit den Grundstein für die heutigen Errungenschaften legten.

Der Begriff „Hospiz" leitet sich vom Lateinischen „hospitium" ab und kann mit „Gastfreundschaft" oder „Herberge" übersetzt werden. Kennzeichnend für die Hospizbewegung ist die ganzheitliche Sicht auf den Menschen. Auf seine körperlichen, sozialen, psychischen und spirituellen Bedürfnisse, basierend auf dem Bemühen um bestmögliche Begleitung und den neuesten wissenschaftlichen Erkenntnissen in der Behandlung.

„Menschliche Zuwendung für schwerkranke und sterbende Menschen sowie deren Angehörige und Einsatz für eine optimale Schmerztherapie, Symptomkontrolle und Pflege" – die von Cicely Saunders formulierten Grundprinzipien haben auch heute noch Gültigkeit.

Die steirische Entwicklung

Im Jahr 1977 zum Thema „Utopie Gesundheit" gelang es, E. Kübler-Ross nach Graz zu holen. Ihr Vortrag beeindruckte und überzeugte so sehr, dass eine Reihe von Menschen aus dem Bildungsbereich und dem Sozial- und Gesundheitswesen, unter ihnen Trautgundis Kaiba, Erika Horn und Paul Benedek, mit dem Aufbau der Hospizbewegung begannen.

Gleichzeitig rief in der Stadt Graz Vizebürgermeister Erich Edegger einen Hospiz-Arbeitskreis ins Leben. Stadtrat Helmut Strobl lud zu einem ersten Treffen. 1993 wurde der Hospizverein Steiermark gegründet – gemeinnützig, unabhängig, überparteilich und überreligiös. Als erste Obfrau fungierte in den Jahren 1993–1995 Erika Horn, ihr folgten von 1995 bis 2003 Helmut Strobl, von 2003 bis 2012 Karl Harnoncourt und seit 2012 Peter Pilz.

In den ersten Jahren war der Hospizverein Steiermark im Bildungshaus Mariatrost beheimatet, das die Aufbauarbeit großartig unterstützte. Denn gerade in dieser ersten Zeit stand die Bildungsarbeit im Mittelpunkt: Ziel war die Aus- und Fortbildung möglichst vieler Menschen, die Kompetenz für die Begleitung von Schwerstkranken und Sterbenden sowie ihrer Angehörigen erwerben wollten – und dies gelingt bis heute auf höchstem Niveau.

Systematisch wurden in weiterer Folge ehrenamtliche Hospizteams in unserem Bundesland aufgebaut, beginnend in Graz, Bad Aussee und Hartberg. 2001 war der Hospizverein erstmals flächendeckend in allen steirischen Bezirken vertreten. Derzeit befindet sich gerade das 32. Team im Aufbau.
Die Hospizbewegung kann als echte BürgerInnenbewegung bezeichnet werden, und so sind heute über 800 speziell ausgebildete ehrenamtliche MitarbeiterInnen in unserem Bundesland im Einsatz. Sie begleiteten allein im letzten Jahr 3630 PatientInnen und Angehörige.
Überall dort, wie sie gebraucht wurden. Kostenlos.
An die 120.000 Stunden sind die HospizbegleiterInnen derzeit pro Jahr im Einsatz.

Seit dem Jahr 2002 ist die Landesgeschäftsstelle des Hospizvereins Steiermark in den Geriatrischen Gesundheitszentren der Stadt Graz beheimatet – in enger Zusammenarbeit mit dem Albert Schweitzer Hospiz und Tageshospiz.

Zusätzlich zur Begleitung und der Bildungsarbeit konnten in den letzten zehn Jahren eine Reihe wertvoller Projekte initiiert werden:
„Hospiz macht Schule" – Kinder und Jugendliche setzen sich – begleitet von speziell geschulten HospizmitarbeiterInnen und PädagogInnen – gezielt und

altersgerecht mit der Hospizidee auseinander; im Rahmen der Plattform „Wenn Lebensende und -anfang zusammenfallen" werden Eltern unterstützt, die ein Kind vor, während oder kurz nach der Geburt verloren haben; eine spezielle Beratung zu den Themen Patientenverfügung sowie zur Familienhospiz- und Pflegekarenz wurde aufgebaut; mit großem Erfolg werden auch die Schulungen zur Integration von Hospiz und Palliative Care in steirischen Pflegeheimen umgesetzt; im Rahmen der Hospizakademie werden in Zusammenarbeit mit der Karl-Franzens-Universität Graz Impulse im Bildungsbereich gesetzt.

2007 wurde dem Hospizverein der Menschenrechtspreis des Landes Steiermark verliehen, 2008 der Hans-Vollmann-Preis.

Besonders freuen wir uns auch, dass sich immer mehr Persönlichkeiten des öffentlichen Lebens – unsere HospizbotschafterInnen und -PatInnen – in der gesamten Steiermark für die Anliegen des Hospizvereins einsetzen. Im jährlichen Kuratorium, dem der Landeshauptmann der Steiermark vorsteht und an dem VertreterInnen aller Sozial- und Gesundheitseinrichtungen sowie unsere wichtigsten Partner teilnehmen, wird wertvolle Vernetzungsarbeit geleistet.

1998 startete das Pilotprojekt „Stationäre Palliativbetreuung", welches den Grundstein für den Auf- und Ausbau der Palliativstationen, mobilen Palliativteams, der Palliativkonsiliardienste und des stationären Hospizes legte. Die Schnittstelle zwischen den Hospiz- und Palliativeinrichtungen und dem Gesundheitsfonds Steiermark ist die KAGes, die für diese Aufgabe „Koordination Palliativbetreuung Steiermark" eingerichtet hat.

Die Steiermark kann auf einen erfolgreichen Aufbau nach dem Konzept der abgestuften Hospiz- und Palliativversorgung zurückblicken. Dabei erfolgt die Grundversorgung weiterhin in den bestehenden Einrichtungen des Gesundheits- und Sozialwesens. In komplexeren Situationen und schwierigeren Fragestellungen stehen zusätzlich ExpertInnen zur Beratung zur Verfügung: mobile Palliativteams für die Unterstützung der Betreuung zu Hause und in Heimen sowie Palliativkonsiliardienste in Akutkrankenhäusern. Für manche PatientInnen ist eine spezielle stationäre Betreuung erforderlich: Im Bereich der Akutversorgung erfolgt diese auf Palliativstationen und im Langzeitbereich in stationären Hospizen. Ehrenamtliche Hospizteams stehen in allen Versorgungskontexten zur Verfügung. Mit der abgestuften Versorgung soll ein gerechter Zugang für alle Steirerinnen und Steirer gewährleistet werden.

Weiterführende Informationen zu den steirischen Hospiz- und Palliativeinrichtungen unter www.hospiz-stmk.at und www.palliativbetreuung.at.

Die österreichische Entwicklung

Parallel zur Errichtung von Hospizeinrichtungen in ganz Österreich wurde 1993 von einer Gruppe um Sr. Mag.a Hildegard Teuschl CS der Dachverband Hospiz Österreich gegründet – getragen von der Überzeugung, dass die offene Auseinandersetzung mit unheilbarer Erkrankung, Sterben und Tod zum Leben gehört. Der Dachverband ist überparteilich, überreligiös, arbeitet national und international und ist Mitglied bei der European Association of Palliative Care, der World Hospice and Palliative Care Alliance und dem International children's palliative care network.

Neben den ca. 300 Hospiz- und Palliativeinrichtungen sind auch Bildungseinrichtungen Mitglieder des Dachverbandes. Im multidisziplinär zusammengesetzten Vorstand arbeiten VertreterInnen aus allen Bundesländern zusammen – bemüht um die Schaffung bundesweit einheitlicher Standards und Richtlinien und die Umsetzung einer flächendeckenden, bedarfsdeckenden, leistbaren, zugänglichen und erreichbaren Hospiz- und Palliativversorgung für alle, die es brauchen. Hospiz Österreich setzt innovative Projekte um wie z.B. Hospizkultur und Palliative Care in Altenheimen und in der Betreuung und Pflege zu Hause, Hospiz- und Palliativversorgung von Kindern, Jugendlichen und jungen Erwachsenen und Ehrenamt in Hospiz und Palliative Care in Europa.

Weiterführende Informationen zum Dachverband Hospiz Österreich sowie zu den Hospiz- und Palliativeinrichtungen in den Bundesländern unter www.hospiz.at.

Mit vereinter Kraft

Der Blick zurück zeigt – die Hospizidee bewegt. Viele der Visionen und Ziele aus der Gründerzeit konnten in den letzten 20 Jahren bereits verwirklicht und gut in der steirischen Bevölkerung verankert werden. Und dennoch – vieles wartet noch darauf, in Bewegung zu kommen. Es gibt immer noch zu viele Menschen in unserem Bundesland, die eine Hospizbegleitung und Palliativbetreuung brauchen, aber die Angebote nicht kennen oder sich davor scheuen, sie anzunehmen. Die Auseinandersetzung mit dieser Idee sollte in den Lehrplänen aller Schulen und Universitäten, in unseren Pflegeheimen und Krankenhäusern und auch in den Lebensplänen aller Steirerinnen und Steirer verankert sein. Immer noch fehlen in unserem Bundesland stationäre Hospize sowie deren adäquate Finanzierung.

Neuen Herausforderungen, wie z. B. den zunehmenden Demenzerkrankungen oder der Begleitung von Kindern, müssen wir verantwortungsbewusst begegnen. Und es muss uns ein Anliegen sein, künftig noch mehr Steirerinnen und Steirer zu einem Engagement für die Hospizidee zu bewegen – Hand in Hand mit dem dazu notwendigen Ausbau der Infrastruktur.

Die steirische Hospizbewegung genießt das Privileg, großartige Partner an ihrer Seite zu haben, die diese Idee aus Überzeugung unterstützen und somit auch Garanten dafür sind, dass dieser Ausbau gelingen kann. Unser Dank gilt ganz besonders dem Land Steiermark, der Firma Anton Paar, der Caritas, den Geriatrischen Gesundheitszentren der Stadt Graz, der Holding Graz, der I Punkt Werbeagentur, der Integrated Consulting Group, der KAGes, der m4!, dem Styria Print Shop sowie allen Gemeinden und Sozial- und Gesundheitseinrichtungen, die unsere Hospizteams in den Regionen unterstützen.

Ganz besonders gelungen ist in der Steiermark auch die Synergie zwischen Wirtschaft und Hospizarbeit. Zwei der zentralen Persönlichkeiten, die beiden Hospizbotschafter Dr. Gerhard Fabisch und Dr. Günter Geyer, möchten wir stellvertretend für alle unser Partner zu Wort kommen lassen.

„Was zählt, sind die Menschen – dieser Satz bildet die gemeinsame Grundhaltung des Hospizvereins Steiermark und der Steiermärkischen Sparkasse, die uns bereits seit dem Jahr 2004 erfolgreich verbindet. Unsere Partnerschaft mit dem Hospizverein fördern wir einerseits durch eine finanzielle Unterstützung der Aus- und Fortbildungen sowie der Infrastruktur des Vereins, andererseits aber auch durch unsere zahlreichen Mitarbeiterinnen und Mitarbeiter, die die Ausbildung zur/m ehrenamtlichen HospizbegleiterIn absolvieren und damit den sozialen Grundgedanken der Steiermärkischen Sparkasse in die Praxis umsetzen.

Dr. Gerhard Fabisch, Vorstandsvorsitzender der Steiermärkischen Sparkasse
und Hospizbotschafter

„Die ehrenamtlichen Mitarbeiterinnen und Mitarbeiter des Hospizvereins Steiermark begleiten seit mehr als 20 Jahren Schwerstkranke und deren Angehörige mit unermüdlichem Einsatz, persönlicher Hingabe und bemerkenswerter Geduld. Dieses unschätzbare Engagement braucht Unterstützung, Anerkennung und Wertschätzung. Für den Wiener Städtischen Versicherungsverein, Hauptaktionär der Vienna Insurance Group, ist es daher eine Selbstverständlichkeit, dem Verein als starker und verlässlicher Partner zur Seite zu stehen. Denn Leben verdient bis zuletzt Respekt, Solidarität, Aufmerksamkeit und vor allem Würde."

Dr. Günter Geyer, Vorstandsvorsitzender des Wiener Städtischen Versicherungsvereins
und Hospizbotschafter

Für den Hospizverein Steiermark:
Mag.a Sabine Janouschek, Geschäftsführerin

Nähere Informationen:
Hospizverein Steiermark, Albert-Schweitzer-Gasse 36, 8020 Graz
Tel.: 0316 / 39 15 70, Mail: dasein@hospiz-stmk.at, www.hospiz-stmk.at

Zwei Blätter am Ast

Von der großen Eiche am Wiesenrand fiel das Laub. Es fiel von allen Bäumen. Ein Ast der Eiche stand hoch über den anderen Zweigen und langte weit hinaus zur Wiese. An seinem äußersten Ende saßen zwei Blätter zusammen.

„Es ist nicht mehr wie früher", sagte das eine Blatt.

„Nein", erwiderte das andere Blatt.

„Heute Nacht sind wieder so viele von uns davon. Wir sind beinahe schon die Einzigen hier auf unserem Ast."

„Man weiß nicht, wen es trifft", sagte das erste. „Als es noch warm war und die Sonne noch Hitze gab, kam manchmal ein Sturm oder ein Wolkenbruch, und viele von uns wurden damals schon weggerissen, obgleich sie noch jung waren. Man weiß nicht, wen es trifft."

„Jetzt scheint die Sonne nur selten", seufzte das zweite Blatt, „und wenn sie scheint, gibt sie keine Kraft. Man müsste neue Kräfte haben."

„Ob es wahr ist", meinte das erste, „ob es wahr ist, dass an unserer Stelle andere kommen, wenn wir fort sind, und dann wieder andere und immer wieder."

„Es ist sicher wahr", flüsterte das zweite, „man kann es gar nicht ausdenken, es geht über unsere Begriffe."

„Und man wird auch zu traurig davon", fügte das erste hinzu. Sie schwiegen eine Zeit. Dann sagte das erste still vor sich hin: „Warum wir weg müssen?"

Das zweite fragte: „Was geschieht mit uns, wenn wir abfallen?"

„Wir sinken hinunter."

„Was ist da unten?"

Das erste antwortete: „Ich weiß es nicht. Der eine sagt das, der andere sagt dies, aber niemand weiß es."

Das zweite fragte: „Ob man noch etwas fühlt, ob man noch etwas von sich weiß, wenn man dort unten ist?"

Das erste erwiderte: „Wer kann das sagen? Es ist noch keines von denen, die hinunter sind, jemals zurückgekommen, um davon zu erzählen."

Felix Salten, Schriftsteller (1869–1945)

Mich läßt der Gedanke an den
Tod in völliger Ruhe, denn ich habe die feste Überzeugung,
daß unser Geist ein Wesen ist von ganz
unzerstörbarer Natur: es ist ein fortwirkendes von
Ewigkeit zu Ewigkeit. Es ist der Sonne ähnlich, die
bloß unseren irdischen Augen unterzugehen
scheint, die aber eigentlich nie untergeht, sondern
unaufhörlich fortleuchtet.

Rainer Maria Rilke

Autorenverzeichnis

HospizmitarbeiterInnen und Angehörige:

Greta Augustin, Graz
Erna Gutl, Graz
Christine Gerlach, Graz
Helmut Reichel, Graz
Hilde Wagner, Graz
Maria Stahl, Graz
Margit Urbano, Angehörige
Maria Trummer, Feldbach
Gertrude Felgitscher, Feldbach
Elisabeth Wiener, Anger
Rita Jahn, Fürstenfeld
Irmgard Bauer, Weiz
Barbara Weber, Deutschlandsberg
Gabriele Gröblbauer, Deutschlandsberg
Renate Temmel, Angehörige
Andrea Strimitzer, Aussee
Roswitha Fraiss, Mürztal
Siegmar Kaiser, Leoben
Maria Freissling, Hartberg
Paula Glaser, Admont
Gertrud Kurz, Fürstenfeld
Ingrid Reiter, Judenburg
Sissi Maier, St. Margarethen
Rita Guschelbauer, Schladming

Autoren:

Peter Brown, Historiker, Universität Princeton

Gian Domenico Borasio, Palliativmediziner, Lausanne

Barbara Frischmuth, Schriftstellerin, Altaussee

Valerie Fritsch, Schriftstellerin, Graz

Arno Geiger, Schriftsteller, Wien, Bregenz

Karl Harnoncourt, Mediziner, 1977 bis 1999 Vorstand der II. Medizinischen Abteilung des LKH Graz, 2003 bis 2012 Obmann des Hospizvereins Steiermark

Philipp Harnoncourt, Theologe, 1972 bis 1998 Vorstand des Instituts für Liturgiewissenschaften an der Universität Graz

Peter Heintel, Philosoph, ehemaliger Rektor der Universität Klagenfurt, Gründungsmitglied des Vereins zur Verzögerung der Zeit. Der Text „Das Gewisseste unseres Lebens" erschien auch im Jahrbuch 2015 der Diözese Gurk.

Gerhard Roth, Schriftsteller, Wien

Marlene Streeruwitz, Schriftstellerin, Wien

Josef Winkler, Schriftsteller, Klagenfurt

Arnold Mettnitzer arbeitet als Psychotherapeut und Autor in Wien

Kleine Zeitung:

Thomas Götz, stellvertretender Chefredakteur

Carina Kerschbaumer, Mitglied der Chefredaktion

Stefan Winkler, Leiter des Ressorts Außenpolitik

Fotos HospizmitarbeiterInnen:

Anna Zora, Fotografin, Graz